すてきな司書の図書館めぐり

〜しゃっぴいツアーのたまてばこ〜

高野 一枝 編著

すてきな司書の図書館めぐり

～しゃっぴいツアーのたまてばこ～

推薦のことば

本書は、大分県生まれのやんちゃなおばさまである高野一枝さんとめぐる旅の話である。番外編も含めれば、その旅は12回を数え、参加者は延べ１１０人余となるとのこと。斯界でそのツアーの存在が知られるところとなり、ツアー参加者である小廣早苗さん、子安伸枝さん、砂生絵里奈さん、長谷川豊祐さんの編集協力を得て、高野さんが編んだものである。フィクションで描かれることの多いステレオタイプな司書の姿とは一線を画した、好奇心旺盛な図書館員・図書館人の独特の世界を、図書館関係者に限らず、一般の方々にも広く知っていただくには最適な一冊である。

斯界に身を置いて20年余になることもあり、各ツアーを報告された執筆者の三分の二は私の知り合いである。皆さん魅力的な人ばかりであるが、その方々が、時に師と崇めたり、時に加害者と訴えたりする（笑）、「しゃっぴい」こと高野さんの魅力が何よりたっぷり詰まった本である。この先、「しゃっぴいツアー」の参加者募集も、そのツアーの受け入れ施設も大変なことになるのでないかと余計な心配をするところである。本書を読めば、誰だってツアーに参加したくなるに違いない。また、そういった素晴らしい図書館関係者に来てほしいと願う図書館は少なくないであろう。

私と高野さんは浅からぬ縁がある。私は一度もしゃっぴいツアーに参加したことはないが、本書で佐々木千代子さんが番外編として書かれた、福島県南相馬市に向かう旅で「ドライバー氏」と書かれているのは、何を隠そう私である。

私は、2017年春から名刺の肩書を、それまでの○○大学非常勤講師から「ライブラリアン・コーディネーター」に変えた。あくまで在野にこだわり、図書館員に寄り添っていく宣言めいた名称である。このときに相談したのが高野さんだった。そのとき「ライブラリーコーディネーター」は私が名乗っているから使わないでね」と、きっぱり伝えてきたのも高野さんらしかった。

還暦を過ぎ、斯界での相談相手は少なくなってきた。これは自分一人の胸にしまっておくのはしんどいな、と思ったら高野さんに電話をする。やや甲高い声で、しかも単刀直入に答えが返ってくる。本書に何度となく出てくる「しゃっぴいミラクル」や「しゃっぴいマジック」といった想定外の出来事の数々。私も高野さんの言葉のマジックに魅せられた一人である。

この本が斯界に元気を、図書館員に勇気を与えてくれることは間違いない。それがどんなミラクルやマジックとなっていくか楽しみである。

2018年4月

ライブラリアン・コーディネーター　**内野安彦**

〈目　次〉

Ⅲ　夏の編

Ⅳ　秋の編

Ⅴ　早春編

VI 番外編

たまてばこを開けてみたら

表紙・本文イラスト　風間　花奈

まえがき

「しゃっぴい」とは、私の田舎（大分県）の方言で、「おてんばで、おしゃべりな女の子」のことをいいます。大人になってもちっとも進化しないので、自らを「しゃっぴいおばさん」と多少自嘲もあって呼んでいますが、大人になりきれないこともまた楽しからずやと楽しんでいます。

２０１1年は、私にとって、大きな転機の年でした。

年明け早々、気がつけばいつも胃の辺りに手を当てていました。年末年始の暴飲暴食がひどかったのです。その頃、手相を観る二人の友達から、「還暦の年はヤバいよ、気をつけて！」と告げられていました。普段は手相なんて観てもらうことなんてないのに、どういうわけだか、よりによって二人から告げられたのでした。

私は、20年間、公共図書館システムの開発・導入・保守に関わってきました。9月には定年退職も控えていたので、念のため内視鏡の検査をしたのち、会社の同僚と松島・鳴子温泉の旅に出かけました。そして、２０１１年3月11日、松島の遊覧船で、あの地震に遭遇しました。波の上にいたから、震度７は経験していませんが、船が横転するかと思うほどの揺れでした。港に戻って避難した観光客を、瑞巌寺の修行道場が引き受けてくれました。多賀城の石油コンビナートが火事になった影響で、ガソリンが不足していて、自宅に戻れたのは４日後でした。

そして、その後の診断結果で癌が発覚したのです。半年の抗がん剤治療の末、癌は寛解《かんかい》しました。会社を定年退職したその年の９月は、抗がん剤治療の終了と、通信で学んでいた大学の心理学部の卒業とも重なりました。

退職前は公共図書館システムの開発に関わっていたのですが、退職後は、十分ある時間を、以前から学んでいた心理関係の資格取得に費やしていました。そんな時、図書館関係者から、開館して1年ほど経った小布施町立図書館「まちとしょテラソ」を見学したいとの声がかかりました。忙しい皆さんに代わってスケジュールを作成して、みんなで小布施を訪問しました。もちろん図書館見学だけでなく、小布施名物「栗の点心・朱雀」を食べ、ワインを飲み、自転車で町も散策しました。同行した皆さんの、「参加費を払ってもいいから、こんな図書館見学を企画してくれたらいいのに」、そんな言葉が脳裏にちょっとだけ残っていました。

その前後で、退職した会社から、「Ｗｅｂにコラムを書かないか」とのお誘いがありました。在職中は、システムを導入してくださっているユーザーへ情報提供になればと、私信のような便りを出していました。もの書きが得意なわけではなく、その延長のコラムであればと、「会社の宣伝はしない」を条件に、Ｗｅｂコラム「図書館つれづれ」を引き受けました。

図書館の研修は東京に集中していて、地方の方は、研修費用のほかに宿泊費や交通費も負担になります。お世話になった図書館界に、私なりの恩返しの情報発信ができればとの想いがありました。何度か書くうちにネタが底をついてきました。そこで、参加者を募り、皆さんとあちこち図書館を見学しながら情報収集し、コラムのネタ探しを兼ねた「しゃっぴいツアー」が始まりました。内輪で行くプチツアーや小布施の前哨戦を含めると計13回、50人近くの方が参加し、延べ人数で１２０人を超すツアーとなりました。

今回、「しゃっぴいツアーを本にしたい」と相談された砂生絵里奈さんは、『認定司書のたまてばこ』（郵研社）の編著者で、日本図書館協会のステップアップ研修の講師をさせていただいたころに知り合いました。ツアーにも何度か参加してくださって、色々な刺激を受けたといいます。そんなみんなの声を書き留めたいとのことでした。話をうかがっていて、まず思ったのは、２０１７年４月に亡くなった大先輩のことでした。私が図書館システムに関わるきっかけを作ってくださった方です。本ができたら、大先輩はどんなに喜んでくれたでしょう。そんな感謝の意味もあって本を作ることにしました。

「しゃっぴいツアー」は、愉快な仲間と織りなす図書館見学の旅です。ツアーに参加したきっかけも、感想も、気づきも、人さまざま。そんな皆さんの想いを、読者の皆さんも一緒に楽しんでいただけたら幸いです。

２０１８年４月

「しゃっぴいおばさん」**高野一枝**

Ⅰ　誕生秘話

しゃっぴいさんの謎にせまる、たまてばこ

鶴ヶ島市教育委員会（埼玉県）
砂生絵里奈

なぜ、しゃっぴいツアーを本にしようと思ったのか

私がこの本を作りたいと思ったきっかけは、拙編著『認定司書のたまてばこ』で自分の司書としての経験を書いたとき、ぜひ、しゃっぴいツアーのことを書きたいと思ったことが始まりでした。

何度か書き始めたのですが、なかなか書き進めることができず、そのたびに挫折していました。どうして書けないのかわからず、悶々としていました。

何度目かの挫折の時に、ふと、根本的な問題点に気付きました。

しゃっぴいツアーは壮大かつ深遠で、いくら私が頑張っても、とうてい3000字

程度で書きあらわせるものではなかったのです。

そのときは残念ながら、しゃっぴぃツアーのことを書くのは、あきらめざるを得ませんでした。


本と雑誌で、しゃっぴぃツアーを書きつくす！


その後、郵研社の登坂社長から、また本を作らないかとのお話をいただき、真っ先に浮かんだのは、しゃっぴぃツアーを本にするということでした。

早速、２０１７年10月の東北ツアーの最中にしゃっぴぃこと高野一枝さんに話を持ちかけました。すると、なんと！偶然にも、一緒に参加していた千葉県立図書館の子安伸枝さんも雑誌『みんなの図書館』にしゃっぴぃツアーの特集を組みたいというのです。

そこから、しゃっぴぃツアーを、本と雑誌で書きつくすという、一大プロジェクトが立ち上がりました。

本はやわらかめ、雑誌は堅めに、それぞれの媒体の特徴を生かして、しゃっぴぃツアーの壮大な世界観を、余すところなく伝えようというプロジェクトです。

早速、しゃっぴぃさんが執筆者を選んで、どんどん交渉を始めました。落とし（脅し？）

文句は、「一緒に遊びましょう!!」。いかにもしゃっぴいさんらしいセリフです。

この本を読んで、しゃっぴいツアーの世界観にもっと浸りたいと思った方は、ぜひお近くの図書館で『みんなの図書館』（2018年5月号（図書館問題研究会編））を借りて、読んでみてくださいね！

しゃっぴいさんの魅力

しゃっぴいツアーの魅力は、なんといっても、高野一枝さんの魅力です。1分たったら知り合い、3分たったら友達、5分たったら僕《しもべ》というように、みんな高野さんのパワーと人柄に、とにかくやられてしまうのです。かくいう私も、しゃっぴいパワーにすっかりやられてしまった一人です。

初めて出会ったのは、日本図書館協会主催のステップアップ研修で、講師と受講生という関係でした。名刺を忘れて行ったら、「ここでみんなとつながらないでどうするの！」と、こっぴどく叱られてしまいました。

そんな私を、なぜか都内での飲み会に誘ってくれました。当時の私は、都心まで一時間半かかるので、夜、都内に飲みに行くなんて考えられなかったのですが、なぜかこの誘いを受ければ自分の運命が新たなステージに上がるのではないかという、不思議な予感がしました。私は思い切って自分の殻をやぶり、外の世界へ踏み出したのです。

そして、予感は的中。しゃっぴいさんに、図書館界で活躍している方々を紹介していただき、その夜から私をとりまく世界はガラリと変わりました。そこで知り合った方を介して交友関係がどんどん広がり、都内どころか全国に出かけるようになりました。

しゃっぴいさんが、私の運命を変えたと言っても過言ではありません。

しゃっぴいさんは、身体は私たちの誰より小柄で華奢ですが、とてもエネルギッシュです。そして、限りなく優しく、温かい。それでいてピリッと厳しい（笑）。魔法使いのような不思議な力を持っています。その不思議な力こそ、みんなからしゃっぴいミラクルやしゃっぴいマジックと言われているものです。

しゃっぴいミラクルは、高野さんがサプライズで仕掛けている時もありますが、偶然の産物も多いです。偶然関係者に出会った、偶然イベントをやっていたなどの例は枚挙にいとまがありません。しゃっぴいさんの魔力が引き寄せているとしか思えません。

そして、何より人と人をつなぐこと。それが、しゃっぴいさんの最大の魅力です。この人とこの人を出会わせればこんな化学反応が起こるなど、まるで神の采配のように、勘で人と人をつなぎます。

そして、しゃっぴいさんの術中に落ちた人たちの人生を変えてゆくのです。

しゃっぴいさんとは何者か

この本を手に取った方は、しゃっぴいさんって一体何者なのか、疑問に思っている人も大勢いるでしょう。

ここで、私から改めてしゃっぴいさんの経歴をご紹介したいと思います。


しゃっぴいさんこと、高野一枝さんは、大分県のとある町に3人兄妹の真ん中として生まれました。両親ともに激しい気性で、一枝さんは兄妹の中でも、最もそれを受け継いだそうです。まわりはかなり手を焼いたようですが、それでも家族に見守られ、すくすくと成長しました。小学校時代は、下校すると近所の友達と我が家で宿題を済ませて遊んでいました。

一枝さんのリーダーシップはこの頃から作られたのだと思います。

一枝さんの最初の試練は、高校の時。バスを避けようとして、自転車ごと4メートル下の斜面に真っ逆さまに落ちてしまったのです。手をついたので両手首は「くの字」に曲がってしまいましたが、生きているのが奇跡の状況でした。ギプスで両手が2か月も使えず、妹にも下の始末をお願いするという恥ずかしい思いをしましたが、それでも後遺症はほとんどなくてすみました。

大学は理系。クラスで1、2を争う美人だったそうです（女性が二人しかいなかった（笑））。そんな一枝さんも、就職、結婚、出産を経験します。当時は、産休制度は浸透していなかったので、出産すると仕事を辞めなければなりませんでした。

二人目のお子さんを妊娠中に、喘息を発症。その後、ずっとこの病気に苦しめられることになります。

下のお子さんが2歳になったとき、子どもたちを保育園に預けて再就職。身分は契約社員でしたが、SEだったので残業が多く、病気の時などは、同じマンションのお友だちと助け合いながら乗り切りました。人一倍責任感の強い一枝さんのこと、子育てや喘息の発作と闘いながら、家事や仕事もこなすのに、どんなに大変な思いをしたか想像に難くありません。

そんななか、一枝さんは、結婚退職した社員を集めて女性のライフスタイルに沿った子会社をつくる、NECグループ会社のプロジェクトに管理職として採用され、人間関係に苦労しながらも、女性たちをまとめる役をつとめました。

しばらくして、図書館システムの開発部隊でトラブルが続き、一枝さんは急遽、助っ人要員として駆り出されました。いよいよ図書館との出会いです。

なにがなんだかわからないまま、徹夜に近い状態が続きました。とうとう、大分のお父様が上京し、仕事と子育ての板挟みになっている様子を見て、ぽつりと「一枝、お前、生き地獄じゃやなあ」と言ったそうです。そして、一枝さんの生き方を認めてくれたのでした。図書館システムのSEとしての仕事のなかで、全国の図書館を回り、図書館界の重鎮とも知り合いになりました。これが、今の活動の元になっています。

その後も、一枝さんはその生き方を貫きとおし、図書館システムの分野で、部長になりました。途中、会社の合併や、仕事仲間の不幸な出来事などの修羅場も経験してきました。仕事仲間としてできることがあったのでは、と思う一方で、ペットロスから息子さんが心の病気になったのをきっかけに、心理学も学びはじめました。

定年まであと少しという時、一枝さんは友人と鳴子温泉への一泊旅行の途中に松島に立ち寄りました。それは、２０１１年3月11日。東日本大震災の日でした。瑞巌寺で円空仏を拝み、遊覧船に乗っている時に地震を経験しました。その後、帰宅困難になり、瑞巌寺の修行道場で４日間お世話になったそうです（そこでも仕切っていたようですが（笑））。

一枝さんは、旅行へ行く前、内視鏡検査をしていました。すると、帰還後に届いた検査結果で、リンパ腫でステージ２であることが発覚したのです。それから半年の間、辛い抗がん剤治療を余儀なくされました。

この二つの経験は、一枝さんの死生観を大いに変え、自分が生かされている意味を考えるようになります。定年退職も重なっての転機でした。

それから、一枝さんの新しい人生が始まりました。現在は、ライブラリーコーディネーターとして、心理学で学んだことや、しゃっぴいツアーをとおして、図書館を応援したり、人と人をつなぐ役割を果たしています。

そして、しゃっぴいツアーは今日も続く！

これを書きながらFacebookを見ると、今、しゃっぴいツアーはレギュラーメンバーと、2回目の「もてぎツアー」に出掛けています（残念ながら、私は今回は参加できませんでした）。参加できなくても、Facebookに様子が逐一アップされ、自分も行った気になれるのが、しゃっぴいツアーです。

今回も、たまたま乗ったＳＬ機関車がイベント中で、記念バッジやいちごをいただいたようです。しゃっぴいミラクルは早速発動中のようです。

そして、しゃっぴいツアーは今日も続いているのです！

しゃっぴいツアーの源流は、人が織りなす化学反応

ライブラリーコーディネーター
高野一枝

プランドハップンスタンス（Planned Happenstance Theory）

「しゃっぴいツアーの原点はなに？」と改めて問われ、その源流を見届けるには、皆さんにも、私の学生時代まで遡ってお付き合いいただくことになります。

私たちの学生時代は、まだ男女雇用機会均等法も制定されていない時代でした。就職活動をしようにも、採用条件には「〜の男子」と明記されていて、ましてや理系の女性の就職先は本当に限られていたのです。先輩の女性たちはどのようにして職に就いたのだろうと、学生課で学生名簿をめくっていると、一人の女性にたどり着きました。それが、指導を受けていた助教授の同期だっ

た南郷みどりさんでした。彼女は、女性プログラマーの草分け的な人でした。お手紙を差し上げたら、就職試験で上京の際に会ってくださるとのこと。初めての東京、霞が関のビルの一室でお会いすることができました。当時40歳を過ぎていたでしょうか、スーツを着こなし、風格のある、私が初めて会った管理職の女性でした。

どのくらい話をしたか覚えていませんが、その時の衝撃的な言葉だけは今も覚えています。

その理由は、〝女性は公私混同が甚だしい〟というのです。女性の仕事と言えば〝お茶くみ〟と言われた時代であり、プライドを持って仕事に向かう女性はまだまだ少なかった時代でした。第一線で働いている方からの一言は大きく、胸に突き刺さりました。就職はなかなか決まらず、何とか就職したものの、結婚を機に転勤した本社では、待遇改善を涙ながらに訴える女性社員もいました。産休も育児休暇も今は当然と思っているかもしれませんが、南郷先輩のような諸先輩方が実績を残し、訴え続けた時代があったからこその産物であることを、今の人たちにも知ってほしいと思います。

東京で会っていただいたお礼もあって、先輩には就職後も、近況報告を兼ねた年賀状だけは欠かさず出していました。先輩からも、たまに「今エーゲ海にきています」などと綺麗な絵葉書をいただき、「あなたも世界を旅しなさい」と添えられた言葉に、当時は育児と仕事で手いっぱいだった私は、私には無縁な世界だなあと、羨ましく思っていました。

心理学のキャリア理論に、クルンボルツのプランドハップンスタンス（計画化された偶発性）というのがあります。その理論は以下の３つの骨子から構成されています。

①個人のキャリアは、予期しない偶然の出来事によってその8割が形成される。

②その偶然の出来事を、当人の主体性や努力によって最大限に活用し、キャリアを歩む力に発展させることができる。

③偶然の出来事をただ待つのではなく、それを意図的に生み出すように積極的に行動したり、自分の周りに起きていることに心を研ぎ澄ませることで自らのキャリアを創造する機会を増やすことができる。

この言葉を知った時、最初に脳裏に浮かんだのが南郷先輩でした。何もなければ終わった関係が、18年間の年賀状のやり取りだけの細い細いつながりで、私の人生に大きな転機をくれることになるのです。

ふつふつとしたころ

最初に就職した会社では育児休暇がもらえず、やむなく退職しました。それでも仕事をしたい想いは強かったので、子どもたちを妹や友だちに預けながら、スポット的なプログラミングの仕事は続けていました。

そんな時、元の上司から、仕事の誘いを受けました。子どもがまだ小さかったのでフルタイムは無理と判断し、子どもたちは保育園に預け、パートで仕事に復帰しました。パートといっても、残業も徹夜も出張もありました。今思っても特別の待遇を受けていたのに、8年勤めた会社を飛び出したのは、パートの仕事に限界を感じたからでした。パートの仕事では、10年後の自分を思い描けなかったのです。その後、小さな会社で1年勤めたころ、南郷先輩から連絡があったのです。彼女は、NECグループの中で結婚退社した方や子どもが生まれて退社を余儀なくされた方を集めて、女性のライフスタイルに沿った子会社を立ち上げるべく奔走していました。そんな彼女たちを束ねる役にと、私に連絡をくれたのです。1年に一度のたった1枚の年賀状がつないでくれた縁でした。

私は管理職として採用されたのですが、パート勤務が長かったため、管理職の役職とは何かさえ理解できなくて、若い皆さんとはなかなかうまくいかず四面楚歌の状態が続きました。

私に最初に管理職としての心得をアドバイスしてくれたのも南郷さんでした。南郷さんからは一言だけ「部下を好きになりなさい」と言われました。「部下を好きになる」ということは、今思うと、信頼関係を築くためには最初から色眼鏡で見ないこと、まず自分が心を開けとという意味だったのだと思います。この言葉はいつも心の片隅に置いていました。

落ち込んでも何も生まれないと観念し、「わからないから教えてください」と、頭を下げて聞きまくりました。後で彼女たちに話を聴くと、時間になると子どもを言い訳に速攻で帰る私に納得していなかったようです。私は意気揚々と帰っていた訳ではなかったのですが、彼女達とのコミュニケーションや相手への配慮が足りなかったのだと思います。グループの女性は主に、在宅で勤務する人と常勤勤務者がいました。子どものいる人たちは必要な時だけ会社に来ました。来られない場合は常勤者がすべてフォローしていたので、常勤者の負荷は大きかったのです。常勤者で子どもがいたのは私だけで、子どもを持ちながら働く難しさを、彼女たちに伝えきれていなかったこともあると思います。

人間関係の悪循環は、お互いの思い込みがとても大きいものです。みんな自分の尺度で考えていて、確認をせず一人で悩んでしまうのです。私は悩み、嫌な思いもしましたが、南郷さんに言われた言葉「部下を好きになりなさい」を思い出し、ちゃんと向き合って話をしようと思いました。仕事を離れて雑談から始まった関係は、少しずつ良い方向へ向かい、管理職としての評価は別にして、人間関係はこれを機に改善していきました。今でも、あの時卑屈にならずに自分から動いたことがよかったと思います。人のせいにせず、自分が変われば他人も変わるんだと思いました。後で学ぶ心理学の交流分析にも、「過去と他人は変えられない。変われるのは自分だけ、今ここの自分から」の言葉があるのを知り、共感しました。

図書館システムとの出会い

女性のライフスタイルに沿った子会社はなかなか承認されず、そんなときに、UNIXの図書館システムを構築していたプロジェクトにトラブルが続出し、急きょ私は、図書館グループへ異動することになりました。南郷さんの配慮もあっての異動で、40歳を目前にして、初めて図書館と関わることになったのです。今思えば、大学を卒業して最初に私がした仕事は情報検索で、図書館とは深い関係がありました。そして、その後、20年という長きにわたって関わることになりました。図書館を通して多くの方々と知り合い、多くのことを学ばせていただきました。その後、不幸な出来事がきっかけで心理学を学ぶようになるのですが、図書館と関わることがなければ、その縁もなかったかもしれません。

図書館システムの開発・導入・保守に関わり、ユーザー数が20館を超した頃から、ユーザーへ私信を出し始めました。ＳＥがどんなに頑張って保守をしていても、顔を見る回数が少なければ親近感も生まれてきません。紙面を通して双方向の情報交換のような仕掛けがほしかったのです。上司からは、「本音を書くのであれば会社名は出せない」と通告されました。「私信ならば」と許可が下り、私信は１９９７年の４月から始まりました。その後、２０００年に会社は統合されましたが、私信は続き、２００９年の４月の90号の卒寿を期に発行を閉じました。

南郷さんは、会社に在職中も、陰に日向にサポートしてくれました。私の私生活もご存知でしたから、私が50歳になったとき、「もうそろそろ自分の時間もつくりなさい」と一緒に海外旅行へも誘ってくれました。南郷さんを慕う後輩は、私のほかにもたくさんいました。私は一番できの悪い後輩だったから、独身を貫いた南郷さんにとって、できの悪い子どものような存在だったのかもしれません。

会社を退職する半年前に癌が見つかり、半年の抗がん剤投与で寛解しました。２０１１年は、癌寛解、定年退職、通信の心理学科卒業と、まさに慌ただしい年でした。

しゃっぴいツアー

しゃっぴいツアーは、思わぬことから始まりました。退職してたまたま暇だった私が、皆さんの要望で小布施町立図書館見学を企画したのが、その前哨戦でした。みんなで小布施を満喫して、図書館見学をしたときに、参加者の中から「参加費を払ってもいいから、こんな図書館見学ツアーを企画してくれたらいいのに」と話が出たのです。勿論その時には、脳裏をかすめはしたものの、現実になるとは夢にも思っていませんでした。

それから1年ほどして、会社から、「Ｗｅｂコラムを書かないか」と、お誘いがありました。以前ユーザーへ出していた私信の延長線でよければと、「会社の宣伝はしない」を条件に引き受けました。正直に告白すると、私は、図書館が好きでも本が好きでもありません。ただ、図書館と関わるうちに、図書館は森羅万象どんなこととも関われる空間だと思うようになりました。コラムを引き受けたのは、私なりに図書館の可能性を探し、お世話になった図書館界へ恩返しができればと思ったのです。南郷さんは、「培った知識をつなぎなさい」とエールをくれました。でも、コラムのネタは、そう簡単には転がっていません。その時、ふっと小布施のツアー企画を思い出したのです。こうして、皆さんと図書館巡りをしながら情報収集し、それをコラムに書くという一石二鳥の企画が生まれました。まさに、南郷さんと出会った時と同じ、プランドハップンスタンスを感じました。

皆さんと一緒に図書館をめぐるツアーは、私にとっても新鮮で、多くのことを学ばせていただきます。ツアーは単に図書館をめぐって図書館だけを見学するのではありません。その土地の人と出会い、語り、自分の感性で受け止めるので、旅の醍醐味は人によって違います。夜は夜で、みんなで親睦を深めるうちに、グループダイナミクスが生まれます。同じものを見ても感じ方はさまざまで、みんな視点が違うのです。一人では気づかない色々なことに気づき、化学反応が生まれます。

南郷さんは2017年4月に遠い世界へと旅立ちました。この本の話があったのは、それから間もなくのことでした。南郷さんをはじめ、出会った多くの方から色々なことを学び、刺激を受け、今の私が存在します。私がしゃっぴいツアーを続けているのは、もしかしたら、南郷さんをはじめ私が出会った全ての人が私につなげてくれた命のバトンを、図書館や人をつなぎながら、未来へつないでいるのかなあとも思うのです。そして、私のプランドハップンスタンスも、まだまだ続きます。

II

前哨戦編

しゃっぴいツアーのことなど

～小布施ツアーを中心に～

●前哨戦：小布施ツアー
・日程：2012 年 10 月 21 日～ 10 月 22 日
・人数：9 名
　見事に館種の違った図書館人が集まりました。
・見学：小布施町立図書館まちとしょテラソ
　　　　小布施散策
★小布施名物「朱雀」もいただき、楽しい旅からコマが出た！（た）

●2008年5月：大分県立図書館講演前に
・日程：2008 年 5 月 24 日～ 25 日
・見学：長崎市立図書館
　　　　諫早市立たらみ図書館
　　　　諫早市立諫早図書館

★諫早市立図書館と三村さんと、長い長いお付き合いから生まれた、楽しい珍道中でした。（た）

座間市立図書館（神奈川県）
三村 敦美

はじまり

しゃっぴぃツアーの中心人物である高野一枝さんは、「一度会うと友人で、一度飲むと親友で、そのあとは高野さんの下僕《しもべ》。そして友人、親友、下僕同士を結び付ける」という人である。この人と人とを結び付ける力と、病気をものともしない行動力こそ高野さんの真骨頂と言えるだろう。

さて、私と高野一枝さんとの出会いは古い。それは1998年の座間市立図書館（以下、当館）のシステム更新まで遡る。実際にはたぶん1996年くらいから各社プロポーザルを行う中で知り合いになっていたはずで、そこから換算すると20年くらいのお付き合いである。

高野さんは、図書館システムメーカーのSEとしてこのプロポーザルに参加していたのである。高野さんは、とにかくどんな質問に対しても間髪を入れずに的確に回答が返ってくるし、できないことは「できません」と言い切る。また図書館でやりたいことがあっても、「それはポリシーとしてできません」とこれも言い切る。クライアントの要求に対し唯々諾々と従うのではなく、主張すべきは主張し、自社のシステムのポリシーを貫く姿勢は、ある意味清々しい。もっとも営業担当はなかなか大変だったと思うし、SEにしてもひやひやしながらプロポーザルを行っていたに違いない。

だんご3兄姉妹誕生

私は長く図書館員をやっていることもあり、全国の研修などに講師として呼ばれることも多い。そんな時には、時間が許す限り図書館の見学や名所めぐりをすることにしている。そういう日常の中で、２００８年5月26日に大分県立図書館で行う、大分県図書館協会主催の図書館のサービス計画と評価の研修講師の依頼があった。

そのころ、ちょうど長崎市立図書館が２００８年1月5日にオープンし話題になっていたし、隣の諫早市の図書館も高いレベルのサービスを行っており、かねてから見学したいと思っていた。今は諫早市になっている旧森山町の図書館は以前見学したことがあり、その後の状況も知りたかった。

そんなことを高野さんに話したところ、話はとんとん拍子に進み、共通の友人でもある有山裕美子さんも一緒になって三人での九州ツアーが組まれた。この組み合わせは、その後図書館総合展や小布施ツアーなどにつながっていく。過活動的高野さんと、超マイペース有山女史、唯一まともな私の組み合わせの誕生であった。

このツアーも面白いことがたくさんあったのだが、それはまた別の機会に紹介したい。

さて小布施ツアーである

1　きっかけ

2012年10月21日（日）、参加者の大半が東京駅に集まった。町中を図書館にしようというユニークな活動を行っている、小布施町立図書館まちとしょテラソ館長の花井裕一郎さん（現日本カルチャーデザイン研究所理事長）との懇談&図書館見学を高野さんが企画したのである。

2　多彩なメンバー

通常図書館員が集まる場合、同じ館種の職員が集まる場合が多い。館種によって関心のあるテーマが違うからである。ところが今回のメンバーは、県立図書館員がいて、専門図書館員もおり、教員で学校図書館員もいれば市立図書館員、区立図書館員や図書館業務の受託企業の社員もいるなど、総勢9名が全員違う館種、職種なのである。ここまで違うとまさに、弥次喜多道中である。こうして、たった2日間だが濃厚で、とても収穫の多いツアーが始まった。

3　1日目

①小布施到着

東京駅を出て、長野駅で長野電鉄長野線・信州中野行に乗り換え小布施に到着した。木漏れ日の中、さっそく町の中心部に向かう。まさにこの日は、小布施の町を挙げたお祭りが開催されていたのである。

花井館長は「古本市開催中」と書かれた幟のある神社に居た。神社の境内に古本を並べ、販売しているのである。「まちじゅう図書館」は単なるスローガンではなく、緑色の「まちじゅう図書館」幟が町中にぶら下がり、先程の神社の他、小さなお店の中にも本が置かれている。花井館長とは翌日会ってお話を伺うことになっていたため、祭りを楽しむこととする。

②お祭り

お祭りということで、食べ物を中心としてさまざまな出店がたくさん出ている。その中で異彩を放っていたのが、古い農耕機用だと思われるエンジンがたくさん展示されていたことである。動かしてはいたが販売用には見えない。何かのデモンストレーションなのだろうか。あまりに珍しいので、しばし皆で覗き込む。出店で食べ物を思い思いに買って、歩きながら食べるのも、祭りらしい風情である。

そうこうするうちに、人で込み合う出店のテントの間を、今度は神輿がねり歩く。やたら上部に提灯をつけた神輿や、金色の正統派神輿などが通り、その近くでは餅つきが行われている。祭りはかくあるべし、という感じである。

③小布施を巡る

高野さんが小布施堂の「朱雀」という栗のスイーツが食べたい！というので、尋ねてみると予約制でもう難しいかもという返事。それでもと予約場所に行くと、なんと最後の1個が残っていた。午後4時からということで、「待つ時間がもったいない！」とまたも高野さんの一言で、日本酒の酒蔵でワインを作っている「小布施ワイナリー」へタクシーに分乗して出かける。古い土蔵の中は外見と違ってとてもおしゃれで、テイスティンググラスで試飲もできるようになっている。

酒蔵からの帰り道で面白いものを見つける。昔話を紙芝居にしたものが道端に立っているのである。「おまんの布池」（雁田山のふもとに住む染物上手なおまんという娘のお話）などが高札のような三角屋根に四角い枠が付いた中に、スライドしながら見られるようになっており、プラスティックに印刷された紙芝居5枚が入っている。小布施町のホームページによると「物語ボックス」というもので、町内10か所に設置してあるという。「須坂新聞」のホームページによると、

「町民有志から店舗や街角に美術作品などを展示してまち歩きを楽しんでもらおうという提案があり、その一環として、平成13年に町が設置したそうです。子どもからお年寄りまで親しみやすく、歴史や文化に触れられるものとして民話にしたということです」とある。

設置の動機自体は図書館と直接関係はないようだが、紙芝居という性質上、結果的に「町中を図書館に」という方針にかなり寄与しているのではないだろうか。

④「朱雀」を食す

午後4時頃小布施堂に戻り、4時半ころ中に案内される。「朱雀」とは、「蒸した栗の皮を除き、素麺状に裏ごししたものを、栗餡の上にふわりと盛」ったもので、一見モンブラン風に見える。ただ、モンブランの大きいものというよりも、茹でたスパゲッティを山盛りにした感じである。最後のひとつだったので八つに切り分け、味を楽しんだ。中の栗餡も甘すぎず、一口ではあるが幻の名菓を堪能した。

⑤有山女史到着

午後9時近くに有山女史が到着。なんと、タクシーで宿の名前を間違えて伝えたそうで、高野さんと二人で、ホテルを出て途中の道までタクシーを迎えに行く。

宿は「小布施の宿　フランス食堂　ヴァンヴェール」という所である。この宿は「旅行好きなご夫婦がフランスに出掛け、美術館めぐりをしながら泊まった田舎の民宿やプチホテルをイメージして作られた宿です。そして何度か小布施に足を運んでいるうちにフランスの田舎と小布施がとても似ていると気に入り、シェフである二人の息子さんと共にこの地にフレンチレストランと宿のヴァンヴェールを始めたそうです」とある。フレンチレストラン&宿というコンセプトからして、食事が、夕食はもちろん朝食も豪華でとても美味しいのである。また客室は、全部で4室と少なめであるが、オシャレで清楚な部屋はとても気持ちが良い。確かにフランスの田舎のレストラン宿と思えるような居心地の良さである。

4　2日目

①ふたたび町内観光

この日の午後、花井館長との懇談が予定されていたので、それまでの間、町内を観光することになった。なんとなく観光ばかりのような気がするが、多分気のせいである。

みんなで「信州小布施　北斎館」を訪ねた後、二手に分かれて観光をする。一グループはレンタサイクルで町内を回り、私はもう一つの徒歩のグループに入り、北斎を小布施に招いた高井鴻山の記念館などを巡った。

江戸末期から明治初期の雰囲気が直接感じられるこの記念館は、北斎館に比べれば地味だが、私的にはとても有意義な時間であった。

②観光は続くよ、いつまでも

お昼になり、二つのグループは合流し、食事をすることにした。小布施といえばやはり栗でしょ、ということで栗おこわ定食（正式名称は忘れた）を食べることにする。栗おこわをメインに、ヤマメの甘露煮、炊き合わせ、煮豆、お新香、味噌汁というラインナップで、和やかで美味しい時間を過ごした。

その後小布施堂でお土産を買った。お土産を買う段になって、有山女史のマイペースが炸裂する。あれにしようか、これにしようかとお土産が決まらない。有山女史はいざという時の決断力と行動力が素晴らしく、私が一緒に仕事をした中でも有数の実力者なのだが、お土産というようなことになると、人が違ったように優柔不断になる。高野さんはいついかなる時でも、即決、即断、即行動の人なので、「いいかげんに決めなさい！」などと煽るが、有山女史は得意のマイペースで買い物をしている。それでいてこの二人仲が良いので、人はわからないものである。

小布施の町の面白い所は、個人宅やその庭などが観覧することができる点である。観覧可能なところには看板が立っており、自由に入ることができる。試しにある家の庭に入ってみたが、見事な日本庭園であった。ただ、個人宅の門を入っていくので、なんとなく居心地がよくない。

もうひとつ、いろいろな場所に本が置いてあるのは「まちじゅう図書館」の一環としてのことだろうが、店の人に「どこから来られましたか？」と聞かれ、「東京、神奈川から図書館を見学に来ました」と応えると、「ああ、花井さんところに来たのね」という返事が返ってくることが多かったことに驚く。花井さんと言えば映像作家で演出家であり、NHKやフジテレビで多くの番組を手がけてきた人である。その花井さんが、本を置いてもらえるようにと一軒一軒店をまわり、趣旨を話し、お願いして歩いていたという。だから、店の人は花井館長のことを身近に感じ話しかけてくるし、図書館と言えば花井さんというイメージを持っているのである。はたして、全国の市町村で、町の人々が館長名をどのくらい覚えてくれているだろうか。こんなところにも、花井館長の顔が見える気がする。

しかし花井館長との懇談とはまだいかない。約束は午後2時だが、まだ1時間ほど時間がある。高野さんの「食後のお茶にしましょ！」と号令のもと、アンティークな家具に囲まれたオシャレなお店でお茶をしたのである。

5　やっと花井館長との懇談の時間です

さて花井館長との懇談がやっと始まった。なぜ小布施に来たのか、映像作家がなぜ館長になったのか、どんな図書館を作りたかったのか、町長とのやりとりや町長の思惑など、あっという間に時間が経過していた。花井館長と小布施の図書館についてはご本人も本に書かれているし、他の方も見学記などを書かれているので、ここでは懇談の中で印象に残ったことを箇条書きにしてみる。

- 最初はネタ探しに小布施に来たこと
- 図書館協議会の公募で図書館と関わったこと
- 町づくりと図書館を結び付けたこと
- 自分の足で小布施の街を歩き、方策を考えたこと

・「学びの場」「子育ての場」「交流の場」「情報発信の場」という４つの柱による「交流と創造を楽しむ、文化の拠点」がコンセプトであること
・文化の拠点である図書館はおしゃれであること
・「わくわく」がキーワードであること
・イメージキャラクターを作り販売していること

小布施に来る前は落ち込んでいた、という花井館長のお顔は笑顔であふれていた。

６　館内を巡る

図書館は白と茶色を基調とした、おしゃれな内装である。天井は木材を敷き詰め、縦じま模様に組んでいる。曲線が多用されており、建物だけでなく、カウンターや書架、トイレも曲線で出来ている。図書館員としては、曲線はある意味使いにくいところがあるが、見た目の柔らかさや、威圧感の軽減には役立つ。小布施の図書館のコンセプトから曲線が選ばれたのだろう。

掲示物などは、貼る場所を限定し、マグネットで固定している。これは、花井館長のこだわりである。図書館員はとかく空間を埋めたがる。隙あらばポスターや注意書きを貼る。し

かし、花井館長の視点から見ると、それは混沌でしかなく、著しく景観を損ねるものである。必要最低限にし、後を汚さない工夫をする。そしてもっとも効果的に貼る。

館長席が、カウンターの横にあるのも異例である。事務室もできるだけ見通しが良いようにしている。図書館内が見えるところに館長席をおいてある図書館はあるが、カウンター横というのは初めてである。この席は、住民の方の希望で実現したとか。町内での花井館長の存在感といい、カウンター横の館長席といい、住民に愛されていることがよくわかる気がする。

私の恩師の一人である、故森崎震二氏がよく「図書館員になったら、その町をくまなく歩きなさい。個人商店があれば挨拶しなさい。図書館員は地域を知り、地域の人に図書館を知ってもらわないとだめですから」と言っていたのを思い出す。花井館長は、森崎氏の言っていたことをまさに実践していると感じた。

7 小布施を後にして

図書館を見学したあと帰路につく。小布施駅を午後5時前の電車に乗り込む。今回のツアーはどうだったか。町の経営と図書館の運営。住民と図書館の関係。私的には学校との連携がもう少し発展の余地がある気がする。だが、町中に図書館を広め、いや図書館にした花井館

長はやはり凄いと思う。
自治体職員の自分がどこまで出来るかわからないが、自分が館長になったとき、自分の名前をどれだけの人が知ってくれるのか、どうすればできるのか、そんなヒントを与えてくれたように思う。

九州弾丸ツアー 2016・2

小布施から3年あまりが過ぎた。いつものように元SEで図書館システムの開発や営業をやっていた「しゃっぴいおばさん」から九州の図書館見学ツアーの連絡が入る。過去、長崎から大分、あるいは小布施などをめぐったことがあるが、いずれも収穫の多い旅行であった。だから、「こういう旅行も悪くない」と思いつつ、この弾丸見学旅行は非常に疲れることも事実である。まあ、心地よい疲れではあるが。

今回は、以前の九州訪問とは逆に、大分空港から入り、大分県、福岡県、佐賀県、長崎県とまわる見学ツアーである。今回は職場も立場も違う20名近くが参加し、賑やかなツアーとなった。

この弾丸ツアーについても面白いことがたくさんある。なにせしゃっぴいツアーである。ハプニングやサプライズはつきものである。このツアーについては他の方が書いてくれるだろう。

次なるしゃっぴいツアーを愉しみに、小布施ツアーの報告を終了する。

「須坂新聞」のホームページ
http://www.suzakanews.co.jp/chosatai_12.php
小布施堂のホームページより
http://www.obusedo.com/kurigashi/suzaku.html
小布施町観光協会のホームページより
http://www.obusekanko.jp/enjoys/lodging/obuse66.php
花井裕一郎著『はなぼん』（文屋　2013.1）

しゃっぴいツアー始まりの物語
～小布施図書館見学の巻～

●前哨戦：小布施ツアー
・日程：2012年10月21日～10月22日
・人数：9名
見事に館種の違った図書館人が集まりました。
・見学：小布施町立図書館まちとしょテラソ
小布施散策

★宿泊先を間違ったり、お土産屋で置いていかれそうになったり、とにかく波乱万丈な旅でしたが、三村さんと有山さんと、しゃっぴいおばさんとは、実は、「だんご3兄姉妹」の仲なのです♪（た）

工学院大学附属中学校・高等学校
有山裕美子

そう、あの旅は紛れもなく、「しゃっぴぃツアー」が誕生した旅でした。

２０１２年10月21日、私は小布施に向かって一人電車に乗っていました。本当は昼間から参加したかったのですが、仕事の関係で夕方からの参加になってしまったのでした。

高野さんは私が座間市立図書館に勤めていたときに知り合った方で、当時は図書館システムメーカーのＳＥさんでした。その後私が学校図書館に移ってからも何かと気にかけてくださり、図書館見学に連れ出してくれました。

そんな高野さんがいつものように、「小布施町立図書館まちとしょテラソに行くけど、一緒に行く？」と声をかけてくれたのは夏前だったでしょうか。まちとしょテラソと言えば、２０１１年度の Library of the year を受賞した図書館ではないですか！ 行きたいと思っていた私は、二つ返事で行くと答えたのでした。いつも図書館見学をご一緒する座間市立図書館の三村さんも参加されると聞いて、いつもの図書館見学だとこのころはまだ思っていました。

さて、私が小布施の駅に着いたのが夜7時くらいだったでしょうか。東京であればもちろんまだまだ大勢の人がいる時間なのですが、駅を降りて見るとなんと誰も歩いていない！猫さえ歩いていない！……タクシー乗り場にタクシーもいない！衝撃が走る中、高野さんからの着信。「今、どこ?」。「はい、駅です、でもタクシーがいません。なんとかします、お待ちください」。

暗い中、タクシー乗り場にあった電話番号に電話をすると、今出払っているので20分くらいかかりますがお待ちくださいとのこと。あ〜、と思いながら待っていると、また着信。「あんた、何してるの?」。高野さんは、とても面倒見のよい方なのです。私がなかなかつかないこと、誰もいない駅で途方に暮れていることを心配してくれているのです。あと10分でタクシーが来ます。そうしたら無事到着するはずです!すでに着いている三村さんも心配して待ってくださっている様子。早くタクシー、来ないかなあ。

ようやくタクシー到着。これで高野さんも安心してくれるだろうと思ったら、またやらかしてしまいました。なんと宿泊するホテルの名前を間違えて運転手さんに伝えてしまったのです。あ〜。そして、3度目の着信、「あんた、いったい今どこにいるの?」。はい、タクシーに間違えた行き先を伝えました。電話の向こうであれこれホテルの場所を伝えて指示してくれる高野さん、三村さんと一緒に近くの道まで出てきてタクシーを待っていてくださって無事になんとかホテルに到着。ご心配おかけしました。

ホテルに入ってまずびっくり!いつもの少人数の図書館見学かと思っていたら、なんと

8人もの方がいらしたのです。それもみなさん図書館職員とはいえ館種もさまざまで、ほとんどが初対面の方。え、え、え〜！ こんなにたくさんの方がいらしているなんて！ とびっくりするとともに、高野さんの人脈に改めて感心したのでした。遅くに合流した私ですが、すっかりみなさんと馴染み、その後は貸し切り状態のホテルで、お酒やおつまみをいただきながら自己紹介、図書館の話を中心に話が弾みました。そして夜がすっかり更けたころ、高野さんが思いついたようにこんな発言を。

「ねぇ、私、これからも、こんな風に図書館ツアーをプロデュースしたら良いんじゃないかしら」「そうしたら、みんな来る？」「ねぇ、良い考えだと思わない？」（確かそんな感じ）

そう、あの瞬間、「しゃっぴいツアー」構想は生まれたのでした。

翌日のホテルでのアットホームな朝食はなんとも豪華。素敵なフレンチブレックファーストの手作りクロワッサンがとにかく美味しかったことは、今でもよく覚えています。そして、ホテルを後にして、いよいよ小布施図書館見学か〜と、思ったのですが、その前になんといろいろなオプションが待っていたこともまた、しゃっぴいツアーのはじまりを暗示していたのかもしれません。

まずはホテルの近くの素敵なガラス細工のお店に行きました。私はそこで、高野さんに勧められてとんぼ玉のネックレスを購入しました。そのネックレスは、今でも私の宝物です。その次は北斎館に行き、北斎の作品を堪能しました。北斎館に行く途中の道端にはお地蔵さんがあったり、風情ある建物があったりして、それらを見ながらおしゃべりに花が咲くというここまではなんとも素敵なお散歩気分だったのですが、このあたりからだんだんと「走るしゃっぴいツアー」の予兆が始まります。

「岩松院にも北斎の素敵な作品があるので見に行きたい。けれど、お昼の栗おこわのお店の予約ができない。でもお昼は栗ご飯を食べたい！　さてどうする！」という問題。ここで高野さんの下した決断は、一方はレンタサイクルを借りて岩松院へ、そして一方はランチが食べられるように栗おこわのお店付近で待機という方法。そうです、最大限知恵を絞って、図書館見学はもちろんなのですが、どうせ行くならとことんその町を楽しもう！　こそが、高野さんのプロデュースするツアーの特徴なのです。私が岩松院の方を選んだことはいうまでもありません（笑）。ランチのお店付近で待機してくださっていたみなさま、本当にありがとうございました。

そういうわけでお昼は小布施駅の近くに戻り、「竹風堂」で栗おこわをいただきました。栗おこわに魚の甘露煮など、とにかく美味しいランチでした。そして、そのお店の前にある小布施堂にてお土産を購入しました。「小布施堂」では色々なお菓子に目を奪われ、なかなか決められず、のんびり見ていると、高野さんに「置いていくわよ！」と言われる始末。ようやく買い終わって周りを見ると、もう誰もいない……という状況に。もちろん高野さんは、置いていったりしませんが！「もう自転車返してきちゃったわよ！」と怒られる場面も。はい、すみません。しゃっぴいツアーは、高野さんの思い描く行程に、いかについていくかが勝負です！

さて、そんな私ですが前日にみなさんが食べたという「朱雀モンブラン」が食べたくて仕方なくて、とても残念がっていたら、「まだ少し時間があるから」と、やはり小布施では有名な「栗の木テラス」というお店に連れて行ってくれました。ここでも美味しいモンブランを食べることができて大満足。ただし珈琲がなかなか出てこなくて、結局は肝心のまちとしょテラソに30分も遅れていくことになってしまったのでした。すみません。

こんな風に分刻みで動いていきますので、その後のしゃっぴいツアーが「走るツアー」になったことは想像に難くありませんが、そんな中で、前哨戦の小布施ツアーでは自転車を利用できたことは、実はとても幸運だったのかもしれません。

あぁ、本題の図書館見学にようやくたどり着きました。まちとしょテラソでは、当時の館長の花井裕一郎さんが待っていてくださいました。図書館をどうつくっていくかという想い、まちの中で息づく図書館、働く人たちの様子などなど、熱い想いを伺いながら、しっかり堪能した時間でした。図書館見学って面白い。図書館の数だけ物語があります。

最後に図書館見学に来て、あらためて半日と少しで歩いた小布施のまちの一つの風景としてここがあるのだなと感じました。小布施の街並み、道端のお地蔵さん、商店街の名物、訪ねた様々なお店で食べたものたち。街を訪ねて、図書館を訪ねる。図書館を訪ねる前の時間があったからこそ、小布施の中にある図書館としてのまちとしょテラソをより深く実感として受け入れることができたように思えた瞬間でした。楽しかった。

振り返ってみれば、実質2日目からの参加だったにもかかわらず、私が動いた経路は、夜の素敵な交流会↓朝の美味しいフレンチ↓ガラス細工のお店↓北斎館↓岩松院↓竹風堂栗おこわランチ↓小布施堂でのお土産購入↓栗の木テラスでモンブラン↓小布施町立図書館まちとしょテラソ、という豪華かつタイトなコース。そのコースの途中での素敵な風景はもちろん、小布施ならここ！という最良のコースを、高野さんが選んでくれていたことはいうまでもありません。

というわけで、こんな素敵（でタイト）な図書館ツアー、もしかしたら高野さんにしかプロデュース出来ないかもしれません。思わず、前日の夜の高野さんのつぶやきが、頭をよぎりました。うんうん、確かにそうだよな〜。次のツアーが決まったら、ぜひまた参加させてもらおうっと。でも、次回はもっと早く行動して、高野さんに怒られないようにしよう、道も間違えないようにしよう。

そんなこんなで、私の小布施ツアーは終了したのでした。物語は続く……。

III　夏の編

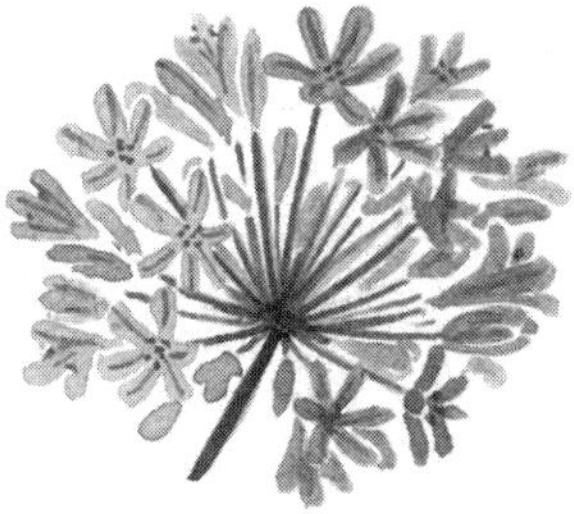

為せば成る、為さねば成らぬ
〜春の九州編〜

●武雄・伊万里見学ツアー
日程：2014年6月15日〜6月17日
人数：17名
行程：集合場所：福岡空港 JAL 到着ロビー 10:50
1日目：小郡市立図書館→伊万里市民図書館→佐賀ダンボール商会→嬉野温泉泊
2日目：8:30出発
武雄市図書館→諫早市立たらみ図書館→諫早市立諫早図書館
解散組は、16:15長崎空港解散
残留組は、山鹿温泉泊
残留組3日目：くまもと森都心プラザ図書館→東海大学→熊本空港

★夜の懇親会で、佐賀ダンボール商会（伊万里万華鏡）の石川慶蔵氏、元伊万里市民図書館館長の犬塚まゆみ氏、小郡市立図書館館長（当時）の永利和則氏のお話を聴きました。石川さんが図書館通いをして、世界にオンリーワンの万華鏡を作る話は素晴らしかったです。2008年に開催された「北海道洞爺湖サミット」で、各国首脳に贈られた「有田焼万年筆」は、石川さんが伊万里市民図書館を使い倒して作られたものです。「図書館は宝の山」と話す石川さんは、素晴らしい図書館応援団でした。（た）

株式会社ヴィアックス
前田小藻

はじまりはじまり

参加したきっかけは「九州の図書館をマイクロバス貸切でめぐってくれる」「その中に、あの武雄市図書館もある」という、なんとも魅力的な話を教えてもらったからです。住んでいる東京から九州は遠く、興味のある図書館があっても知らない土地に行くのには、なかなか手間がかかるので、いつか行けたらいいなと思っていたのです。楽しい仲間とらくらくに図書館三昧のお得な企画と思った、この武雄・伊万里見学ツアーは後に継がれていくアグレッシブな旅になります。「想いがあるなら、エイヤと動く」、これが高野さんに出会って教えられたことです。

あたたかい、やさしい図書館のこと（1日目）

ツアーは福岡県の小郡市立図書館見学から始まりました。小郡市立図書館は1987年に開館し、図書館運営を直営→指定管理者（2006）→直営（2009）となった図書館としても知られています。市のマニフェストが「読書のまちづくり日本一」ということもあり、図書館・家・学校との連携が素晴らしく、図書館と学校が同じ検索システムを使い、図書館と学校、学校と学校間の本の行き来もあるそうです。まず、入口で館長の永利さんから見学者ひとりひとりに約20種類の資料が配られました。このために作られた「高野様ご一行視察資料」をはじめ、図書館要覧、小郡市総合振興計画、予算と職員の推移、指定管理者に関する複数の雑誌記事などなどぎっしりで、ようこそいらっしゃいました！と両手を広げて迎えられていると感じた瞬間でした。他にも、放映中の大河ドラマに合わせた展示「戦国時代から江戸時代〜黒田官兵衛の生きた時代〜」で丁寧に飾られた兜や旗印、椅子を動かした時に音がならないように履かせてあるテニスボールなど、館内のあちらこちらに職員さんの心遣いを感じました。

テニスボールを履かせてある椅子

ちょうど展示を見ているときに「館長、すぐ流行りに乗るんだよー」と愛を込めてお話くださった利用者の方がいました。図書館や文学資料館のある野田宇太郎、キャラクターのラックン（どんな姿勢で読んでもいいんだよ、のラッコさん）について語る永利さんからもたくさん愛が溢れていて、図書館のあたたかい空気の中心がわかった気がしました。

次の伊万里市民図書館は、図書館建設準備から市民の意見を取り入れるため「図書館づくり伊万里塾」を開催し、現在「図書館フレンズいまり」（図書館支援市民活動団体）の会員数は４００名、という市民に支えられている図書館です。壁には、その支えている力が表れたような「ぐりとぐら」「かいじゅうたちのいるところ」など大きな大きなボランティア手作りの布製タペストリーが飾られています。他にも図書館の精神を表わすものがあり、一番目に留まる場所に「図書館の自由に関する宣言」と「伊万里市民図書館設置条例」、伊万里学コーナーの近くには「昭和五年伊万里町立図書館の標語」がありました。また、ここはわたしが初めて（株）計画同人の設計を見た場所になりました。見出しが伊万里焼でできていること、棚と棚の間のふたり掛けの席、深く下に続く「のぼりがまのおへや（おはなしの部屋）」、どれもワクワクしました。「のぼりがまのおへや」は、暗くなると天井に星が輝き、扉を閉めるとおはなしの声がすぐ耳元で聞こえて、思わず即席おはなし会も始まりました。子どもだけでなく大人も世界に入り込める空間でした。

図書館のこと、だけじゃないお話

図書館員との図書館見学は、ひとりでは気づかなかったことをたくさん発見できることと、その人のスタンスや好みを知ることができてとても楽しい時間です。このツアーでも、一緒にまわったり、それぞれでまわっていて出会った時に気になったことを教え合ったりできました。小説913.6とエッセイ914.6を分ける、著者が同じということで混ぜる、とか、自分の館ではこうしている、このやり方いいね、とか細かいけれど、より良くしようという想いを聞くと、参考になるのと同時につくづく〝図書館好き〟なのだな、と思います。

また、ツアーの間にあったのは図書館のことだけじゃない、地域の伝統やおいしさを知る体験でした。夜、高野さんの友人の宿・嬉野温泉グランド鳳陽でおいしい食事（お刺身、お肉、とろける湯豆腐）を食べて、夜の勉強会をしました。

小郡市立図書館長の永利さん、元伊万里市民図書館長の犬塚さん、有田焼万華鏡や万年筆を製造販売されている（有）佐賀ダンボール商会の石川さんに、それぞれお話を聴きました。

驚きと繋がりの図書館のこと（2日目）

この目で見てみたかった武雄市図書館。２０１３年に全面改装してオープンしてから約１

年、すでに見学した方々の感想を聞いていました。なので、7万冊の閉架をなくしたキャットウォークや大きく囲むようにできた三つのライフスタイル書架に関しては、噂を確かめたような部分もありました。実際に見に行って、「児童の棚表示に英語と中国語は併記されているのに、ルビがない」「検索機で調べてみつからなかった時に、次に注文画面が出てくる」など細々と感じたことはありましたが、総じて「図書館というよりもお店のようだったけど、近くにあったら行くだろうな」と正直に思いました。見学時に聞いた、図書館でお仕事体験をした小学生がその後も司書のお手伝いができる、という仕組みは面白く、実際に見ることと聞くことで印象は変わりました。

次に、長崎の諫早市立たらみ図書館へ。こちらも（株）計画同人の設計した図書館です。最初に通された海のホールは、名前にふさわしくブラインドが上がると目の前は海でした。そこで用意していただいたお弁当をみんなで食べて、集合写真を撮ってと、ちょっとした遠足みたいでした。館内も海のモチーフが多く、船の形の紙芝居棚、貝のランプ、図書館キャラクターのスナメリ。貝のおはなし室は、暗くなると天井がラピュタの飛行石の洞窟のようなじわーっとした輝きでした。子どものように館内に隠れた『としょかんこびと』を探したり、屋上にある開放的な星空のテラスの階段席に座ったりしました。この見学には、たらみ図書館の方だけでなく他館の職員、県立図書館職員も参加されていて、県内の図書館のつながりを感じました。

　市内を移動をして、諫早市立諫早図書館へ。児童フロアでは、ここにも大きな大きな「こぐまちゃんのホットケーキ」「ばばばあちゃん」のタペストリーがあり、天井からの吊り下げサインはフェルトでできていて、とても可愛かったです。じっくり見ることのできた郷土史料室の奥には、丁寧に保存された貴重な古文書がたくさん並んでいました。

貴重な諫早の歴史がぎっしり

　それらを、図書館の講座で利用者と読み下して専門家に見てもらいながら、解読を進めていると聞いて、しっかりとつなげていくことの大事さを知りました。

高野さんに見つかる

諫早市立諫早図書館を見学し終え、それぞれが次の土地に行こうとロビーで話をしていた時、その後に長崎観光をしようとしていた永見さんと私はモゾモゾしていました。翌日も長崎にいる予定→長崎県立図書館の田浦さんが目の前にいる→県立図書館の見学ができるだろうか→でも、行き方とか調べていないし、明日って急だし……を繰り返しているところを高野さんに「なにしてるの？」と見つかり、「声かければいいじゃない」「いくらでも調べられるでしょ、司書でしょ」とドンっと背中を押されました（心が押されただけだったかもしれません）。その勢いで、田浦さんに声をかけることができ、見学も快諾していただきました。無事に約束ができた後、実感したのは「想いがあるなら、エイヤと動く」の結果でした。翌日、急な申し出にもかかわらず、開架も書庫も案内していただきました。医療の棚が少し隠れたところにある配慮、近くに市立図書館があることの影響、など案内なしにはわからないことばかりでした。最後にお土産までいただいて、大満足な旅の終わりです。

エイヤと動く

昔から背が低いのに猫背なので、曲がっているところをぐいっと押されて直されることがよくありました。高野さんは、わたしの背筋に定規を入れて、ぐいっと伸ばしてくれる先生のような存在です。だから、後ろめたいことがあると、ちょっと怖い。「想いがあるなら、エイヤと動く」「躊躇している時間がもったいない」「動かないのは、そこまでの気持ち」と今まで言われた言葉は、そのたびにとても響きました。今でもなかなかできていなくて、言い訳をする自分にたまに高野さんの声が聞こえます。

遠いと思っていた九州に今いる不思議な縁は、「あなたの財産は人脈なんだから、大事にして欲しい」の結果なのかもしれないなと思います。「高野さん、エイヤしました！まだまだですがエイヤしていきます！」。

ダブル弾丸ツアーにて

＜九州被害者Ｎの証言＞

福岡女子短期大学
永利和則

最初に「しゃっぴいツアー」の洗礼を受けたのは、２０１４年6月15日（日）でした。事前に高野さんから「図書館を巡るツアーを計画したので、小郡市立図書館を見学したい。良ければ、ツアーへも参加してもらいたい」というお話をいただいていました。小郡市立図書館の見学は、私が出勤して説明すれば可能でしたので、喜んでお引き受けしました。

しかし、私が当時館長だったこともあり、仕事のスケジュールを考えて、ツアーの参加は見送らせていただきました。それは、ちょうど、6月が市議会の真っ最中で館長の私は管理職としての議会対応で待機だったことと、翌日から始まる図書館の特別整理期間では、館長も貴重な戦力として、本や雑誌等のバーコードをなぞる作業のメンバーに組み入れられていたという理由からでした。でも、せっかくのお誘いでしたので、15日の夜だけ参加することにして、小郡から73㎞離れた佐賀県嬉野市の旅館「グランド鳳陽」まで、自家用車で長崎自動車道を約1時間かけて、ツアーの一行を追いかけました。

夜は懇親会だけかと思いきや、佐賀ダンボール商会の石川慶蔵社長のお話を聞くことができたのにはびっくりしました。石川社長は伊万里市民図書館に通い詰めて研究し、有田焼の万年筆を考案された方です。

「せっかく来たのだから、何か話を。」といわれて、私も皆さんの前でお話しした記憶はあるのですが、内容は忘れてしまいました。

翌日は午前7時には出発しないといけなかったのですが、宿のおかみさんのご厚意で早くから朝食の準備をしていただき、きちんと食事をとって仕事に向かうことができました。

2回目の洗礼は、2016年2月8日（月）でした。早くから、「永利さんの退職前にもう一度小郡へ行きたい」というご希望で日程調整していただいたのですが、ちょうど5年目のコンピュータシステム入れ替えのための長期休館と重なってしまい、小郡をスルーした日程でツアーを組んでいただきました。

前回同様、嬉野温泉の「グランド鳳陽」まで、自家用車で参りました。この日のためだけに飛び入りでご参加いただいた方もいたりして、「しゃっぴいツアー」の魅力と私へのご配慮を感じました。参加していただいた方々からは記念品と寄せ書きをいただき、今も大切にしています。

翌日も前回と同じく、午前7時前から皆さんといっしょに朝食をとって、玄関先では盛大なお見送りをしていただき、小郡市立図書館に高速道路をぶっ飛ばして出勤しました。

今回は、被害者エピソードとして書かせていただきましたが、あまり気にしないでください。なぜなら、嬉野温泉に浸かりながらおいしい料理とお酒をいただけるという特権にありついているのですから。

「二度あることは三度ある」「三度目の正直」という言葉もあります。次回、九州で「しゃっぴいツアー」が計画されました際には、皆さんと旅を楽しむことができればと願っています。

メディアとしての公共図書館を訪ね歩く—佐賀～北欧～鳥取

●武雄・伊万里見学ツアー
日程：2014 年 6 月 15 日～6 月 17 日
人数：17 名
行程：集合場所：福岡空港 JAL 到着ロビー 10:50
1 日目：小郡市立図書館→伊万里市民図書館→佐賀ダンボール商会→嬉野温泉泊
2 日目：8:30 出発
武雄市図書館→諫早市立たらみ図書館→諫早市立諫早図書館

★岡田さんはその後、フィンランドの大学に1年間、客員教授として迎えられました。その間、スウェーデンなど北欧の図書館も見学され、日本との違いを発見しました。
帰国後、鳥取県立図書館を訪問し、改めて図書館の大切さを感じ、現役の学生に図書館の重要性を講義されているとか。詳細は記事を読んでくださいね♪（た）

関西大学総合情報学部
岡田朋之

なれそめ

自分が高野さんと知り合ったのは、かつて東京の西葛西にあった「世界の童話図書館」の見学会でのこと。２０１４年の1月でした。それからほどなく、九州図書館ツアーのお声がかかりました。目的地のメインは武雄市図書館と伊万里市民図書館、そして嬉野温泉というのを聞いて、これは参加しない手はない、と思ったのでした。というのも、それ以前から武雄市の情報政策はＩＣＴの研究者の間でも話題になっていたからです。市の全職員にTwitterをやらせたり、市の公式サイトをFacebookページにしてしまったりと、型破りの施策は賛否両論。蔦屋書店が指定管理者となって運営している武雄市図書館も、そんな流れの一環として興味を惹かれるものだったので、実際に訪ねてみるちょうどいい機会と、参加した次第です。

伊万里、武雄の旅

小郡市から伊万里、武雄、諫早と回ったツアーのなかで、やはり伊万里市民図書館と、武雄市図書館は強く印象に残っています。伊万里市民図書館は、室内の壁のコンセントカバー、開架案内板などさまざまなところに伊万里焼プレートがあしらわれたお洒落さだけでなく、子どものためのお話の小部屋の「登り窯の部屋」、地元の若者が大都市に出て行くためのさまざまなガイドになる資料を集めたヤングコーナー、畳敷きに座卓の閲覧コーナーなど、利用者が良い環境で本に親しみ、また必要な情報に接することができるデザインが工夫されていることに感心させられました。またカウンターのところには「図書館の自由に関する宣言」が高々と掲げられていて、市民の知を守り育んでいこうという強い決意が感じられました。

地元のケーブルテレビ局である伊万里ケーブルテレビは、独自の報道やドキュメンタリー番組の制作で定評があり、これまで数々の賞を受賞してきた大鋸あゆりさんという敏腕の制作者が在籍しています。彼女には私の勤務先の大学が共催するフェスティバルの贈賞式でも常連の受賞者として何度かお目にかかっています。その大鋸さんが、夜の嬉野温泉での懇親会にゲストでお見えになった、伊万里市民図書館の元館長の犬塚まゆみさんの娘さんと伺ってびっくり。大鋸さんが局内で多忙を極めるあいだ、まだ幼かった孫娘の世話を頼まれて大変だったという裏話には苦笑させられました。そればかりでなく、日頃から鋭い行政批判で伊万里市長もたじたじという大鋸さんの報道制作の姿勢は、市民に開かれた図書館を作り上げてきた母親ゆずりだったというのがよくわかったのも今回のツアーの収穫でした。

翌日午前に訪れた武雄市図書館は、伊万里とは対照的に、蔦屋書店の指定管理による運営で、利用者の立場に立ったサービスで知られ、それ以前よりも大幅に利用者を増やしたことは周知の通り。多くの方がすでに言及されているのでここではあまり触れませんが、面白かったのは、自著を検索システムでエゴサーチしてみたときのこと。少し古い方の本は蔵書として開架に出てきたものの、そのリニューアル版の新著の方が蔵書にはなく、結果の次の画面で「購入」というページに飛びます。従来の多くの公共図書館であれば、その「購入」の画面は図書館への購入依頼になるわけですが、ここは違います。利用者自身が購入して下さいという注文画面なわけです。この阿漕《あこぎ》さはビジネスとしては実にわかりやすい！　雑誌類もカレントはほとんどが貸出しではなく販売コーナーに配置されているわけですが、訪問時に説明を受けたスタッフの方からの話では、やはりここぐらいの小規模都市では書店の存続が難しい中で、最新の雑誌に触れる場がこうして存在しているだけでも非常にその意義は大きいとのこと。そういう意味で公共図書館として見ると疑問に感じられる部分も致し方ないことなのかもしれません。郷土資料へのアクセシビリティも、伊万里の充実度とはちがって、武雄は厳重なロックがかかっていたり、簡単には手に取れないところに置かれていたりとなかなか難しいものがありそうでしたが、それぞれに地域の抱える背景があり、どちらの図書館が好ましいのかは単純に優劣を付けられるものではないでしょう。地方の小規模都市で、どのような図書館のサービスを提供するかという点で、この両者の対比を実際に見比べることができたのは幸甚でした。

フィンランドでの在外研究と図書館

その翌年の2015年、一年間の在外研究の機会を得て、フィンランドのアールト大学芸術デザイン建築学部に客員教授として籍を置きました。客員教授といっても、授業の義務はなくて、ただの居候のようなものでしたが。

研究室のあるキャンパスは、首都ヘルシンキのとなりのエスポー市にあり、自宅からバスで30分ぐらいかかります。ヘルシンキの市内中心部にあるヘルシンキ大学の図書館が割と便利なので、在籍していたアールト大学よりもそちらの方をよく使っていました。フィンランドを代表する建築家、アルヴァ・アールトの設計による建物は吹き抜けが印象的で、アールトの代表作のひとつとしても知られています。

この図書館、欧州の大学では大体そうなのでしょうが、一般市民への敷居が非常に低いのです。自分の所属する大学は、学生証や教職員証などIDカードを持っていなければ入館すらできず、また書庫に入るのも学生だと手続きが必要です。しかし、ここは入館はもちろん、書庫の一番深いところまで何のチェックもなく入ることができて、とても気軽に利用することができました。

ヘルシンキで公共図書館を利用する機会はなかったのですが、日本からの来客を案内するときに訪れたことは何度かありました。ヘルシンキ中央駅前の図書館は中央郵便局の建物内2階にあり、階下は大型スーパー、割と夜遅くまで開館しているという便利な施設でした。

また、図書館ではないのですが、そこからほど近い、シベリウス音楽院のそばにはアルカディアというこぢんまりとした書店があり、地下にある小さなホールではミニコンサートやセミナーなど、多彩なイベントが開かれています。古書も多く扱っていて、大部分が地下にあるのも特徴的。日本では古書店が地下に本を置こうものなら、空調をかなりしっかりしなければ通気の悪さですぐ本が傷んでしまいそうなのですが、あちらではそういう心配は日本ほどはありません。温度も湿度もさほど上がらない気候だと、劣化の度合いは全然違うんですね。たしかに自分が生活するなかで作り置きの食材をしばらく置いていても、全然傷むことはありませんでした。保存という行為ひとつにかかる労力が、東アジアと北欧ではどれだけ差があるかというのがよくわかりました。アーカイヴやミュージアムを成り立たせる環境が両者で全く異なっていることは、それらの関係者としては頭の隅にとどめておくべき点なのではないかと思います。

多言語世界一、スウェーデンのマルメ市立図書館

北欧での公共図書館として強く印象に残っているのは、むしろフィンランドではなくて、スウェーデンのマルメ市立図書館です。一年間の在外研究も終わりに近づいた2016年3月のはじめ、デンマークのコペンハーゲンに一週間ほど滞在しました。そこからバルト海を挟んだ対岸にマルメ市は位置し、橋とトンネルで繋がっているため電車で30分弱で行くことができます。コペンハーゲンに来る際に、スウェーデン人でマルメ在住の古い友人を訪ねることになり、日帰りで行ってくる話をコペンハーゲンの知人にしたところ、ぜひ市立図書館に行ってみるといいとすすめられました。当時から中東でのＩＳの跋扈《ばっこ》やシリア内戦の激化とともに、欧州への大量の難民が問題となっていましたが、スウェーデンはそれを積極的に受け入れている国であり、とくにマルメは最南端に位置する大都市として、難民への対応に迫られてきたところです。そうした実践の面で非常に興味深い事例として、マルメ市立図書館が注目されているとのこと。実際に訪れてみるとなかなか見応えがありました。

巨大な吹き抜けのようになった閲覧室の一方の側に3層の開架スペースがあり、そこにある書架の半分ぐらいが多言語書籍コーナーとなっています（写真1）。そのうちの1列ぐ

写真１　マルメ市立図書館の多言語コーナーのエリア。最下層の全部のセルと、二層目および三層目のほぼ半分ずつのセルが各地域の言語の本で占められる。

らいは日本語の書籍のコーナーで、他にもハングルはもちろん、タミル語やパシュトゥ語などアジアの諸言語のみならず、ロマ語の本というのまでありました。何種類の言語が揃っているのか試しに数えてみたら、なんと57言語。この日会う予定だった友人とは図書館で待ち合わせたのですが、あとで彼から聞いたところでは、市当局はマルメを世界一多民族な都市としてギネスブックへの登録を目指しているとのこと。他の北欧諸国がリーマンショック以後の景気低迷と原油価格安で低成長に苦しむ中、

写真 2　マルメ市立図書館の児童書閲覧室。外の廊下にはベビーカーを置くスペースも広くとられている。

移民や難民を積極的に受け入れて右肩上がりの経済成長を続けるスウェーデンの自信を体現しているかのようで、社会的包摂の意義をわれわれに具体例をもって教えてくれているようにも思えます。

子ども向けの絵本も、スウェーデン語のほかに、英語やドイツ語はもちろん、アラビア語の絵本のコーナーもあり、またアラビア語の読み聞かせスタッフもいるようでした。ベビーカーを止めるスペースも広くとってあります（写真2）。一般の閲覧室内には大きなイベントスペースもあって、何かのセミナーを開催していました。途中、見学者の団体にすれ違いましたが、その際、一人にちらっと話を聞いたところ、スウェーデン南部地域の公立図書館の司書の研修

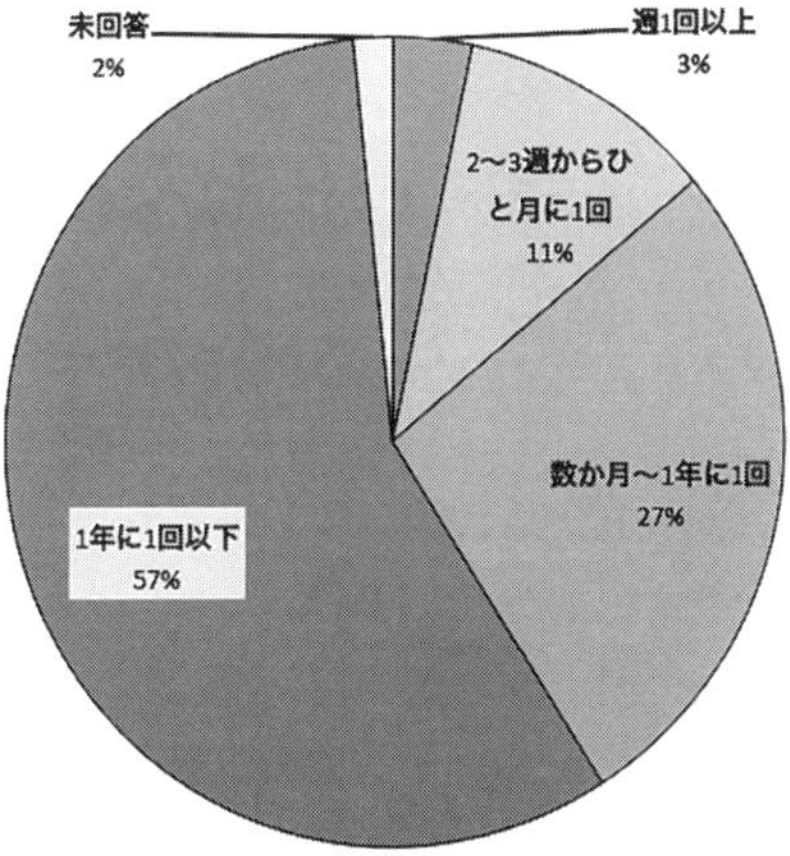

図１　公共図書館を利用する頻度（関西大学総合情報学部「情報社会論」2017年度秋学期受講生を対象にしたアンケートより。総回答者数244名）

で来たとのこと。「ここは先進的で有名だからねえ」と言っていたのにも深く納得できた次第です。こうしたマルメの図書館の充実ぶりは、図書館の公共性とはどうあるべきかということを考える上で、非常に大きな示唆を与えてくれました。

これからの公共図書館のめざすべき姿とは？　～鳥取県立図書館～

２０１６年春にフィンランドから帰国して取り組んだことのひとつに、図書館とミュージアムをメディアとしてとらえなおす視点を学生達に知ってもらう、ということがあります。情報社会のとらえ方を学ぶ一年次生向けの講義を担当してきて、受講生たちにアンケートをとってみると、公共図書館の利用率はきわめて低いのです（図1）。インターネットがこれだけ発達して、スマートフォンで大概のことは調べられてしまうこの時代に、図書館は必要ないのではないか、そういう声は少なくありません。いやそうではないんだよ、ということを訴える上で、大いに力添えをしてくれたのが、菅谷明子さんの『未来をつくる図書館』と猪谷千香さんの『つながる図書館』でした。菅谷さんには在外中の2015年秋にボストンを訪れた折、ハーヴァード大学やMITを案内してもらって貴重な経験ができたのですが、それはさておき、猪谷さんの著作には日本国内のユニークな事例がちりばめられていて、それぞれの図書館を訪ねてみたくなります。その中でもとりわけ鳥取県立図書館は、一度行ってみなくてはと思っていたところ、2017年の春にあるイベントの絡みで鳥取に滞在する機会にそれが実現しました。ふらっと一人で入館して見てまわってもよかったのですが、折角なら関係者のお話も伺いたいと高野さんにお願いしたら、紹介して下さったのが小林隆志さん。ご多忙な中にもかかわらず「高野さんの依頼なので」と、館内をきめ細かく案内して下さいました。ビジネス支援のためには高価な図書資料であっても惜しげもなく貸し出すとか、児童書は現物をすべて揃えて県内図書館の購入支援をおこなっているとか、生活者の直面する課題に応えるべくジャンルを超えた配架をおこなっている、あるいは環日本海の国々の資料を揃えて、それらの国々出身の住民も利用するという国際交流コーナーなど、限られた予算の中で適切な集中と配分をおこなってやりくりしているサービスにはそれぞれに感嘆させられるものがあり、やはり実際に来てみることの大切さを再認識。

こうして各地をめぐる旅は、メディアとしての図書館を再発見させてくれただけでなく、その意義を考えさせてくれました。そしてそこから得たものを次世代に伝える使命が自分達には課せられているのでしょう。そうした場を通して図書館のあり方を見つめていく中で、公共性とは何か、社会的包摂とは何か、さらには人権とは何か、という問題をあらためて考えなおしてもらう機会にできればと思っています。

謝辞　本稿は、平成27年度　関西大学在外研究による成果の一部である。

東北爆走！
～岩手から宮城を駆けめぐる～

●東北紫波町ツアー
日程：2015年6月28日～6月30日
人数：8名
行程：
集合場所：盛岡駅新幹線出口 11:30 集合
1日目：盛岡石割桜→紫波町図書館→平泉→平泉泊
2日目：毛越寺散策後、9:20 出発
一関市立花泉図書館
→大崎市図書館→東松島泊
3日目：9:00 出発
東松島市図書館→瑞巌寺陽徳院
→仙台駅にて帰車

★2日目の夜は、東松島の方と懇親会。東日本大震災の「まちなか震災アーカイブ」は素晴らしかった。
3日目は、松島にある瑞巌寺の修行道場で写経と座禅を体験しました。（た）

千葉県立中央図書館
子安伸枝

ことはじめ

私がはじめてしゃっぴいツアーに参加したのは、２０１４年初夏、九州の福岡〜佐賀〜長崎〜熊本ツアーです。そのツアーがたいそうおもしろかったので、次に東北ツアーの案内をもらって、いそいそと参加を決めました。

17人の参加者がいて、マイクロバスに乗って移動した九州ツアーと違って、東北ツアーは８人と少数精鋭。８人乗りのワゴンを借りて、盛岡から仙台まで駆け抜けることになりました。初日は岩手県盛岡から紫波町《しわちょう》へ、そして宿泊は平泉町、二日目は一関市花泉から宮城県大崎市、そして東松島市に一泊し、三日目は東松島市から仙台に戻って、帰宅するというプランです。「私、図書館好きじゃないから」という高野さんがコーディネートするツアーなので、図書館だけでなく名所旧跡、意外な体験を楽しむツアーになります。

参加者は行きたいところを好き勝手言うけれど、具体的なプランは組まないので、最終的な行程は高野さんにおまかせ、場合によっては現地の風まかせの旅です。私は電車とレンタカーがセットになったレンタカーの予約を仰せつかり、googleマップを使って簡単な移動時間の算出をしたりしました。とはいえ、ツアーの全体像はぼんやりとしか把握していなくて、やっぱり高野さんにおまかせ。実際のところは現地で体感することになりました。

見学した図書館

「図書館見学ツアー」と名乗っているので、まずは訪問した図書館をご紹介します。これらの図書館には、高野さんが事前に訪問の許可を取っています。場所によっては図書館以外の施設もご案内してくださったところもありました。

▽紫波町図書館（6月28日訪問）

盛岡から約20キロ、紫波中央駅前に整備されたオガールエリアの中にできた図書館です。オガールエリアは公民連携という手法を取り入れて整備されました。その手法を含め、2015年当時も今も大注目の図書館で、やはり行ってよかったなあ…と思います。図書館ホームページの写真では館内風景は見られますが、訪問してはじめて感じられる活気や、棚に向かってみて体感できる工夫があります。ＣＤや楽譜、図書が混ぜて棚に置いてあって、それがとても自然でした。随所に資料の見せ方の工夫があり、発見しては喜ぶ…という感じです。農業に関する資料の提供にも力を入れていて、大人向けにコーナーがあるだけでなく、子どもの本のコーナーにも農業に関する本の展示がありました。

その日は他の地域から見学に来た方ともばったり会いました。その方はオガールエリアにあるホテル「オガールイン」に泊まるとのことで、みんなで羨ましがりました。また、図書館だけでなく、紫波町役場やオガールエリアで分譲されている「紫波型エコハウス」も見学させていただきました。気密性が高くて空調なしでも快適、その上素敵なデザインのおうちを見て、住みたい！と言い出すメンバーも。また、図書館とお隣のマルシェとのコラボも拝見できて、わーすごい！楽しい！と喜びながらマルシェで野菜やおつまみ、お酒を買い込んだ私たちでした。その時買った紫波のぶどうジュース、りんごジュースは今もお取り寄せしてしまうくらい、ファンになりました。

▽一関市立花泉図書館（6月29日訪問）

一関市の図書館のひとつです。寡聞にして訪れるまでよく知らず、油断して訪問したら感激…！なんてすてきなところなんだ！と一同感動した図書館です。「花泉」の名に現されているように、図書館の屋根を支える柱は花瓶に生けられた花のようです。また、植物・園芸の棚があって、身近で使える資料から専門的な本までそろっています。また、センスのよいおしゃれな展示がされていて、すてきな雑貨屋さんにそのセンスを買いに来た…という気分になりました。何か花泉のものを買って行きたいという私たちに、おいしいケーキ屋さんを紹介してくれるすてきな司書さんがいらっしゃる図書館でした。

▽**大崎市図書館（6月29日訪問）**

熊がお出迎えしてくれることで業界内では有名な図書館です。２０１７年に新館がオープンしました。私たちは旧図書館にお邪魔しました。図書館の年表を拝見し、歴史の長さをじんわりと感じました。移転準備に奮闘している方を激励（？）しに行ったつもりでした。新館開館おめでとうございます！

▽**東松島市図書館（6月30日訪問）**

ラベンターが取り囲む、美しい図書館です。私たちが訪問した時はちょうどラベンダーが花盛りでした。東日本大震災のアーカイブを図書館で作られており、そのお話を伺いました。図書館の中に資料を保存するだけでなく、その活動は多岐にわたっており、例えば「まちなか震災アーカイブ」というアーカイブを作っています。私たちが夕食をとりに行った小料理屋さんにもそのＱＲコードが貼ってありました。そのＱＲコードからアクセスすることで、その付近が震災直後からどんな経過をたどってきたか、写真で見ることができます。私たちが東松島を訪れたときには、嵩上げ工事の土を運ぶトラックが行き交うという状況でした。まちの様子が変化していく過渡期でしたので、その前の状況を市内のあちこちで確認できるようになっていることに感心しました。また、改めて東日本大震災の被害の凄まじさを感じました。あの地震からもう7年、当時の様子を詳細に思い出せなくなっている自分がいます。記録することで記憶に残るのだと痛感しました。

東北をめぐって感じたこと

爆走するしゃっぴぃツアーですから、図書館以外にもあちこちふらふらと観光しました。特に平泉ではひとり朝活で金鶏山に行ってきました。中学校の時に習った「おくのほそ道」に出てきたので、現実に金鶏山に行ってみたくなったのでした。みんなで訪れたのは毛越寺《もうつうじ》で、晴天の朝、ゆっくりと庭園を散策し、この世にある極楽浄土を堪能しました。

もうひとつの体験は、松島にある瑞巌寺《ずいがんじ》陽徳院という修行道場で写経・座禅を体験し、精進料理をいただいたことです。陽徳院は修行の場で、本来でしたら僧侶でない人がそういった体験はできないのですが、そこはしゃっぴぃミラクル、高野さんの御縁で貴重な体験をすることができました。

２０１１年の震災当時、高野さんは松島にいて、船に乗っていたのだそうです。そこへ地震が起きて、津波の直前に船から降りた高野さんは瑞巌寺の奥に避難し、津波の難を逃れました。そして、帰宅困難となった観光客を受け入れてくれた陽徳院で避難生活を送っていたのだそうです。しかも、ただお世話になるだけでなく、朝の体操を呼び掛けたり、参道の掃除をするボランティアを組織したり、しゃっぴいおばさんの本領を発揮していたので、私たちが押しかけて行った際にも温かく迎えていただけたのです。おかげさまで、通りすがりの旅人では体験できないことをさせていただきました。初夏のお堂で目を瞑《つむ》って座禅するとき、私の心は本当に現実から離れて自由でした。

一方で、車で通ってきた石巻、女川《おながわ》、東松島では復興のために嵩上げや市街地の移転が行われており、何と表現していいのか、戸惑うこともありました。自分には、ただ行って、見ることしかできないという現実を痛感したツアーでもありました。でも、現地で図書館員にお出迎えしてもらい、昼食や夕食をご一緒して交流しているうちに、悲しみで固くなってしる心をほぐしていただいたように思います。引っ張りまわされた方には申し訳ないのですが、私たちを迎えてくださって、図書館の中だけでなく色々お話していただけたのは本当にありがたいことでした。今でも私たちが出会った図書館員さんたちが元気に活躍されているのを知ると、とてもうれしく励まされます。

しゃっぴいツアーの「伝説」が形成される

私はしゃっぴいツアーの代表的な伝説が二つある、と思っています。それをご披露します。

爆買いツアー認定される

爆買いと言えば、海外から来るお客様をイメージするかもしれませんが、私たちのツアーも見る人から見ると「爆買いツアー」だそうです。紫波町図書館では図書館バッグを買い求め、マルシェでは早速農産物やおつまみ、お酒などを買い求める私たち。車だからということもあるかもしれませんが、ツアー参加者の一人は、「せっかく行って、いろいろお世話になったのだから、現地にお金を落とそう！」と、心に決めて、お土産を吟味されていました。私もそれに倣って、せっかくなのでご当地のすてきなものを買って帰ろうとお土産をじっくり見ました。そんな風にしてあれこれ買うさまは「爆買いツアーみたい。不景気はどこへ？？？」と見えたそうです。一番びっくりされたのは、何と言ってもロールケーキ・ボンネット事件でしょうか。花泉で司書さんにおいしいケーキ屋さんを聞いたら、ロールケーキのおいしいお店を教えていただいたので、すぐさまお店に乗り付け、ロールケーキを切って売ってもらって、みんなでワゴンのボンネットをテーブルにして分け合って食べました。と

てもおいしいロールケーキでみんな大満足！…ですが、戸惑いを隠せない方もいたようです（笑）。

その後、女川に寄り道して、海鞘《ほや》を分け合って食べるころには、すっかり寄り道・爆買いがあたりまえのことになっていました。また、お土産は、旅の思い出をシェアするのにも役立ちます。

世界遺産を5分で拝観、平泉

今では、ツアー参加経験のある人たちの間では「しゃっぴいツアーは走る！」が常識になっていますが、その「走る！」という印象を持たれた第1回は、多分この東北・岩手＆宮城ツアーではないでしょうか。特にのんびりぼんやりしていたわけではないのですが、やはり紫波町の図書館を見て、紫波型エコハウスも見学し、マルシェで爆買い……していたら、宿泊地の平泉に着くのが遅くなってしまいました。

拝観終了10分前くらいに中尊寺のふもとの駐車場に着き、それでも世界遺産を一目見んと金色堂までの上り坂を速足で登り、あと5分！　というところで滑り込み…！　じつのところ、滑り込んだあたりで夕方の防災無線とおぼしきチャイムの音が流れていたのですが、金色堂の方は息を切らせて駆け込んできた私たちに同情してくださったのか、何とか金色堂を目に焼き付けることができました。ああ、見られてよかったねえ、お庭はまだ見られるみたいだよとお堂から出てきた私たちを襲ったのは、冷たい通り雨。傘を持たないメンバーは、今度はパーカーのフードをかぶって駐車場まで駆け下りていくことになりました。翌日1時間ゆったりと毛越寺を拝観できたのが、夢のようです。

ひとりでは見られないものを見に行く

爆買い、爆走、おいしいものがある・おもしろいものがあると聞けば寄り道するしゃっぴいツアー、その目まぐるしさについていけないという人もいます。

確かにとっても盛沢山なツアーです。でも、ついつい参加してしまうのは、みんなとワイワイやるのが楽しいからだと思います。ツアーメンバーだけではなく、時には街の人と立ち話をしたり、現地の図書館員さんとじっくり話したり…。特に、人に声をかけるのが苦手な自分では、見学のアポイントメントひとつ取れないだろうと思います。しゃっぴいマジックで、初対面の図書館員さんでも道端のおじさんでも5分で親友にしてしまう高野さんのおかげで、いろんな方と交流できるのです。ひとりでふらりと行って見るだけでは聞くことができないお話、感じなかっただろうセンス、価値観…そういうものに揉まれるのが楽しいのです。知恵熱が出そう！ と思う時もありますが、そんな時間が、ついつい狭くなりがちな自分の視野を広げ、成長させてくれる気がします。

このしゃっぴいツアーのおかげで、あちこち出かけていくのも苦にならなくなりましたし、苦手なことを避けて通るのもほどほどになった気がします。旅は人を成長させる、これほんとですね。

知りたいココロに火をつけた
～回想法を学ぶ～

●名古屋から岐阜メディアコスモス、多治見ツアー
日程：2016年7月1日～7月2日
人数：9名
行程：名古屋駅 9:40 集合
1日目：名古屋回想法センター→内藤記念くすり博物館
→岐阜市立図書館分館→岐阜泊
2日目：みんなの森ぎふメディアコスモス
→まちライブラリー@カフェコスモス→多治見市図書館
→ 19:00 名古屋にて解散

★バラバラに集まって、車3台で移動した旅でした。
2011.3.11 のときお世話になった雲水さんのお寺へ途中下車して、みんなでお茶をごちそうになりました。
旅の間、行く先々で「回想法」の文字が目に止まったのも、縁があったのでしょう。（た）

公立図書館勤務
牧原祥子

参加の経緯

２０１６年４月。場所は千葉県船橋市、ＮＰＯ法人情報ステーションが企画運営する「ふなばし未来大学」でのこと。そこで出会ったしゃっぴいさんこと高野一枝さんの人懐こいしゃっぴいマジックにすっかりはまってしまいました。

「まちライブラリーに興味があるなら、岐阜、名古屋方面の図書館に見学に行くツアーを組むよ！　いつがいい？」という甘〜いお誘いに、即「行きたいです！」とうっかり（？）調子に乗って言ってしまった私。その日のうちに日程が決まり、あっという間に１泊２日の詳細かつ濃密なスケジュール表が送られてきました。今思うと、私にとって大きなターニングポイントでした。

遡りますが、私は２０１３年に現在勤務する図書館に配属となりました。約10年の本庁勤務や、３年間の子どもの本の担当を挟み、実に15年ぶりに成人サービス、ハンディキャップサービスを担当することになりました。担当が変われば視点も変わります。来館者の高齢化には気づいていましたが、では、そのニーズに添ったサービスを私たちは提供できているのだろうか、と考え始めたのは、恥ずかしながら担当になってからでした。

図書館で働いている人間であれば「本の力」を信じていて、その「力」で地域に暮らすみなさんが幸せになることを願って日々研鑽を重ねていることと思います。どうしたら図書館をもっと利用していただけるのだろう。こういう風にすればより効果的（かもしれない）というのはその地域によって様々で、万能薬などないと思います。そして「うちの地域ならでは」というものは簡単に見つかりません。

しゃっぴいツアー（以下、ツアー）に参加するきっかけとなった大きなテーマは「まちライブラリー」でしたが、私のもうひとつのテーマは「回想法」。ツアーに参加する以前から「まちライブラリー」と共に気になっていました。岐阜、名古屋方面に行くのであれば訪れたい場所、それは地域回想法として先進的な取組みを行っている、愛知県北名古屋市（旧師勝町《しかつちょう》）の「回想法センター（旧加藤家住宅）」です。是非ツアーに入れてくださいという私の願いが聞き届けられ、スケジュールに組んでいただきました。それだけでもうワクワクの始まりです。

その頃の私は、回想法について、２０１４年2月の愛知県田原市中央図書館の国立国会図書館での調査研究報告と翌年の図書館見学、ＮＰＯ法人シルバー総合研究所の北名古屋市での研修、慶成会老年学研究所でのワークショップ等に参加して、少しずつ知識を蓄えてきていましたが、知れば知るほど奥が深く、なかなか前に進めず、悶々としていました。

旅は、自分を取り巻く「当たり前」から抜け出すチャンスです。

旅の前と後。私のなかで大きく変わったのは回想法の取組みなので、この場ではそれを中心に書いていきたいと思います。

回想法について

回想法は、高齢者が自身の過去を振り返ることで心身の活性化を促し、認知症予防、あるいは認知症になったとしても進行を緩やかにできるという効果が期待できるものです。回想法が行われるときには「ふるさと」や「学校の思い出」といったテーマが設定され、昔の生活道具や古い写真等が使われます。

回想法は主に臨床の現場や介護施設などで行われています。２００２年、愛知県北名古屋市が、介護予防、認知症予防や地域づくりを目的に行う「地域回想法」を取り入れ、今も北名古屋市の高齢者を元気にしています。

どうして図書館が回想法？　福祉や医療、介護の領域なのでは？　と思われると思いますが、その気になれば博物館、郷土資料館や健康・福祉部門等と連携が取れる立ち位置にあり、しかも図書館の蔵書が大きな力となると感じていました。それはこのツアー以降、確信に変わっ

岐阜市立中央図書館　「展示グローブ」

ていきます。

北名古屋市回想法センター（旧加藤家住宅）

北名古屋市の「思い出ふれあい事業」（回想法事業）の拠点で、一部が昔の学校の教室風の造りになっています。一度も来たことがないのに、あるいはその時代に生まれていなかったのに懐かしい思いでいっぱいになりました。場所そのものが、思い出をよみがえらせるのにとても効果があることを体感しました。

回想法を地域の高齢者のサークル活動につなげていったことが、北名古屋市の成果です。卒業生の会「いきいき隊」の活動は、北名古屋市のホームページをのぞいてみてください。

岐阜市立中央図書館と多治見市図書館

ツアーの中心だった二つの図書館に触れます。

2015年7月に開館した「岐阜市立中央図書館―みんなの森 ぎふメディアコスモス―」は探検できる図書館です。ツアーで見学させていただいたときは、開館してちょうど1年というタイミングでした。

特徴はただ広いだけではなく、隣りあったコーナーとコーナーはゆるやかなつながりがあって、それでいてお互いを干渉しない居心地のよい空間にあります。「市民に寄り添った、身近な「滞在型図書館」をめざし、「ここにいると気持ちいい」「何度でもここに来たくなる」「いつまでもここにいたくなる」の三つをモットーに掲げているとのことで、納得しました。当たり前のことを当たり前に（でもなかなか当たり前にできない）、来館者に、言葉で、書架で、空間で伝えることをきちんとやっているところに司書の力を感じます。

市民参加型のまちライブラリーは「おいてみま書架」というコーナー名で、フロアのほぼ中央、「展示グローブ」にありました。

ここには館内にある蔵書の中から市民の方が選んだ本が置かれています。それぞれに「おススメ」のメッセージがそえられています。おススメの本を、「自分の言葉で語る」ことを大事にしているからなのです。

夏ということもあって、戦時下の写真と関連資料の展示がありました。

こうして見ていくと、図書館にはまちや人の声を保存していく機能があることを改めて気づかされます。

ツアーのフィナーレはLibrary of the yearを２０１５年に受賞した多治見市図書館です。約1万点もの陶磁器関連資料のコレクションは、図書館がターゲットを絞り、直接関係者にお話を伺いながら司書が足で集めたものとのこと。

「ターゲットを絞る」といっても、窯業を学ぶ学生、陶芸家、生産者、鑑賞者……と対象者は広く、技術的な資料のみならず、芸術全般、古典文学、器に盛る料理に関する資料にまで及ぶとお聞きしました。利用者の要求に高い水準で応えているのです。利用があってこそのコレクション、という点を、しっかりと肝に銘じました。

館長曰く、「その土地にしかない資料がある」と。その蓄積は、まさに多治見にしかない貴重な資料群だと思いました。書架の側面にもひとつひとつ異なった柄の陶器のタイルが埋め込まれていて、こだわりを感じます。

ここでの個人的なポイントも回想法。図書館と同じ建物内に郷土資料室が併設されていて、「多治見レトロ写真貸出し」がされていました。市史編纂事業時に収集した古い写真をA3大程度のパネルにし、7〜8枚1セットで貸出しバッグにセットされ、持ち運びができるようになっているのです。

多治見市図書館の展示

学校での授業や、高齢者施設でパネル展示、回想法を実施する際にも活躍しているそうです。昭和40年代の多治見駅前の写真は、かつての風景を懐かしいと思う人もいれば、子どもたちにとっては郷土の歴史を知るチャンスにもなります。ときには高齢者が孫世代と話すきっかけにもなることでしょう。

その日は岐阜から名古屋、名古屋から多治見というルート。多治見市図書館の見学の後名古屋駅に舞い戻り、物色する時間もないほどさっとお土産と夕食のお弁当を買い込み、新幹線のホームへ向かいます。誰かが言っていた「しゃっぴぃツアーは、なぜか走るのよね」を体験しました！

高野さんからの宿題

この1泊2日の岐阜・名古屋ツアーの夜に「回想法のレクチャーをしてね」と宿題をいただいていました。知らない人の前で、しかも自分でも消化しきれていない内容のことを話すのは至難の業のように思え、資料を用意して臨みました。けれども朝早くに自宅を出発して、名古屋駅からはレンタカーでの移動。複数箇所に立ち寄り、夜の楽しい懇親会&温泉の後に真面目な話など出来るわけがありません。見知らぬ土地での運転にくたくたで、白旗をあげてしまいました。

実を言えばこのときの資料の出来も心の準備も散々でした。いろいろなところに参加させていただいた研修資料の寄せ集めに過ぎず、自分の言葉でまとめていなかったので、レクチャーなどしなくて良かったと思っています。

このツアーの1ヶ月程後、内輪の勉強会でもう一度回想法のことをお話しする機会があったのですが、このときもまだ（今もまだまだ…ですが）うまく説明できない自分がとても情けなかったことを覚えています。

アフターフォローを含めてのツアーでの出来事はここまでなのですが、旅はまだ続きます。

富山県氷見市と千葉県浦安市

あきらめの悪い私は、２０１６年9月に富山県氷見市立博物館を訪ねることになります。地域回想法を見学したい方はどうぞ、というFacebookでのご案内でした。

その日の回想法は、地区の公民館を会場に60人ほどの高齢者が集まる中での実施でした。1時間のなかでスクリーンに映し出される懐かしの道具、「チョウハイ」（里帰り）や茅葺の作業の様子の絵、氷見市で撮られた古い写真等に、学芸員さんの富山ことばでの解説がされていきます。

手で触れることも大事にされていて、着物やおしめ、アルミのお弁当箱などの現物も準備されていました。博物館ならではは、もっというならその学芸員さんならではの回想法の時間に、私も釘付けとなりましたが、参加されていた高齢者のみなさんがとても楽しそうに、ときに昔のことを思い出してかしみじみとされていて、温かな空気が流れていたのが印象的でした。

――どうにか図書館で取り組めないだろうか。悩みは一層深くなります。

その学芸員さんが千葉県浦安市の講座「想い出語りボランティア講座～楽しく学ぼう回想法～」に講師のお一人としてお見えになると伺い、早速、浦安市生涯学習課に聴講させていただけないか交渉しました。２０１６年10月から11月にかけてのことです。

講座は国立教育研究所社会教育実践教育センター（国社研）と浦安市が主催で、講師陣は全６回中前半３回（基礎編）を回想法ライフレヴュー研究会代表の中嶋恵美子先生、事例発表として富山県氷見市立博物館、愛知県田原市中央図書館、「葛飾回想法トレーナーの会」と「浦安介護アカデミア」の取組み、という顔ぶれでした。プログラムは基礎から応用、実践まで行えるところまでが目標――。このときに回想法の奥の深さを改めて感じることになりました。

介護の世界を知らず、心理学の素地も何もない自分にも、ポイントを押さえれば、もしかしたら回想法を実践できるかもしれない、と少しその気になれるほど、とてもわかりやすい丁寧な内容でした。

特に中嶋先生からは「ケアするものはケアされる」「人を支えるには準備があってこそ」等の回想法の実施にあたっての心構えとともに、具体的にどのようにすればよいか、ということをお話しいただき、また自信につながるような言葉をかけていただいて、さらに一歩前進できました。

講演会と講座を開催して。そして図書館で回想法を行ってみて。

浦安市でのご縁があって、２０１７年8月に中嶋先生を回想法の講演会の講師としてお招きできることになりました。

主催者としての準備はとても緊張しましたが、参加者からいただいたアンケートに元気をいただき、次のステップにつなげます。いよいよ、自分の勤務する図書館での回想法の講座です。

10月初旬から12月中旬の隔週水曜日、全部で6回、7名固定のメンバーで行いました。

私が初めての試みに不安でいっぱいになりながらも乗り切れたのは、何より参加者の力があってこそ。みなさんが「毎回参加するのが楽しみ」とおっしゃってくださり、特に後半の2回は、お互いを尊重しあえる空気ができあがっていました。最終回には、これで最後なのが寂しいとの声をいただきました。私がさらに前に進む力をいただいたのは、言うまでもありません。

回想法を実施する際、初めは道具を必ずしも使わなくてもよいのでは、と個人的には思ったのですが、使うと、参加者がより回想しやすいことがよくわかりました。

「モノ」を通して思い出が語られる時、とても欲しいものだったから、と「モノ」そのものにまつわるお話ももちろんありますが、その思い出の「モノ」の向こうに家族や友人（＝「者」）との思い出が詰まっていることがとても多いことに気が付きました。そのとき目の前に具体的な「モノ」があると、思い出の輪郭がよりはっきりしてくるのです。

辛かったことも、楽しかったことも、誰かとのつながりのなかで生まれてきた想いがあります。そして誰かに聞いて欲しい想いがあります。語ることで気持ちに整理がつくこともあります。

私自身、ふと立ち止まってこの先の道の険しさに足がすくんでしまうこともありますが、これまで来た道を振り返れば、良かったことも悪かったことも、どうにかこうにか乗り越えてきた（この原稿を書いていることも！）自分に勇気と元気がもらえます。

そんな回想法を図書館という場所で、図書館の資料、さらには博物館や郷土資料館の資料等地域の財産を利用していただいて、みなさんに元気にお過ごしいただけるのなら、それは図書館が地域にとって役に立つことになるのではと考えています。

とはいうものの、私の勤務する図書館での高齢者サービスは手探りの状態です。回想法はコミュニケーションツールのひとつにすぎません。まだまだ道の途中、試行錯誤は続きます。

おわりに

回想法を実施するときには進行役がおかれ、「よき聴き手」となることが大事だと教えていただきました。図書館の運営も市民の声を汲むことが求められます。

ツアーで訪問したどの施設も市民の声に寄り添った運営をしていることが共通しています。

個人ではとても伺うことができなかった、学びの多い旅でした。

また、高野さんとの出会いによって、未来がこんな風に展開されていくとは想像がつかなかった――まさに「しゃっぴいマジック」です。さて、次の旅は何処へ？

まちライブラリー　http://machi-library.org/　H29.12.28現在
磯井純充さんの提唱する、コミュニティ型ライブラリー。本をきっかけに、話し合い、学びあい、感想を伝え合いながら、ゆるやかに人と人とがつながることを目的とする場。カフェやお店の一角、個人宅を開放して等、場所は様々。
北名古屋市回想法スクール卒業生の会「いきいき隊」
https://www.city.kitanagoya.lg.jp/fukushi/3000095.php　H29.12.28 現在
多治見市図書館ホームページhttps://www.lib.tajimi.gifu.jp/　H29.12.28現在

ふみの森もてぎ図書館
～土地柄、人柄、町柄を感じたツアー～

●ふみの森もてぎツアー
日程：2017年7月16日～7月17日
人数：11名（1人は現地集合現地解散）
行程：柏の葉キャンパス駅（つくばエクスプレス快速） 9:00集合
1日目：ふみの森もてぎ・柳田邦男氏講演会参加
→もてぎ昭和ふるさと村「NAGOMI」泊
2日目：益子美術館→紺屋の日下田藍染工房→道の駅ましこ
→笠間市立図書館→柏の葉キャンパス駅にて17:00解散

★益子駅で益子美術館の館長に遭遇するハプニングもありました。
益子では、友達をサプライズで呼び、その弟さんの工房も見学しました。（た）

都内公立図書館司書
椛本世志美

平成29年7月16日、茂木町まちなか文化交流館「ふみの森もてぎ」開館1周年記念として開催された柳田邦男氏の講演会に行ってきました。柳田邦男氏と茂木町はどんな関係にあるのだろう、「ふみの森もてぎ図書館」とはどんなところなのだろう、その名前の由来は？そんな「はてな」を持ちつつ、ツアーに参加しました。

茂木町は東京から約１００㎞。十分、日帰りもできますが、東京、埼玉、千葉の仲間総勢10人が車2台で集まり、しゃっぴいツアーではいつものことですが、集合場所で「初めまして」の挨拶から一泊二日のツアーが始まります。

今回は太田剛氏（図書館と地域をむすぶ協議会チーフディレクター）も同行してくれることになりました。大変忙しい太田氏をこのツアーに引っ張り出したのは言わずと知れた高野代表。他のツアーでもお馴染みですが、思わぬ経緯からとんでもない幸運(当事者にとっては不運?)が舞い込みます。現地への道すがら、オープンまでの話を聞くことができました。

開館に先立ち、もともとあった公民館図書室「まちかど図書館」の資料を新たに創設するふみの森もてぎ図書館に移動させなければなりません。茂木町の人たちは、２０００冊の本を1冊ずつ手渡しでリレーするという「わかばのつどい～引越大作戦」を計画しました。

当日は３５０人の町民が集まり、約３００ｍにわたって本のリレーをすることができたそうです。その様子は動画として記録されています。この企画の実行委員会がのちに図書館をサポートする組織へと繋がったそうです。

太田氏と茂木の町を歩きながら、「ここからあそこの新しい図書館まで行列ができたんだよ」と説明を受けて私はいろいろ考えました。

住民から親しまれる図書館を作りたい、開設にあたり住民の意見を取り入れたいと考えることは簡単です。しかし、具体的にどうするか、どういう仕掛けを作れば実現できるのか、といったモヤモヤが普段仕事をしている私たちを悩ませます。それを払拭する覚悟と力（チカラ）がこの大作戦にはありました。茂木町の職員の方々はどんな思いでこの準備をしてきたのだろう、そう思い、また、自分に足りないものは「覚悟」なのかもしれない、と思いました。

「茂木町まちなか文化交流館ふみの森もてぎ」のホームページや高野代表のコラム「図書館つれづれ」には、町長の熱い想いとそれに応える関館長のことが「図書館をつくるにあたり町長は、自分が全面的に信頼できる人にお願いしたいと、茂木高校の先輩である関誠二氏に館長を要請した」と紹介されています。

ホームページによると、「元禄16（１７０３）年創業の酒造蔵元ほか、隣接する１９００

天井が高く木の香に包まれたフロア内

坪の土地に、町有林材をふんだんに活用した」とのことです。図書館内に入ると、木に包まれた感じがして、気持ちが落ち着きます。

　コンクリートや新建材と違い、木は館内の空気を気持ちの良い、澄んだものにしてくれます。館内は吹き抜けがあり、木を基調にした明るく開放的な雰囲気です。新着図書やオススメ本を展示する特設書架は2階から見るとこの図書館のマークになっています。

　さて、柳田氏の講演会ですが、開始前から多くの町民が列を作っていました。ご高齢の方も多く、柳田氏の話を聞こうという熱気に東京からやってきた私たちは気圧され気味でした。

講演が始まると、今度は柳田邦男氏のパワー溢れるトークに圧倒されました。１９３６年生まれだそうですから80歳ということになりますが、恐るべし、年齢を感じさせない力強い語り口で読書の素晴らしさ、本の魅力について、予定の時間をはるかに超過してトークは続きます。『ガン回廊の朝《あした》』『撃墜』『犠牲（サクリファイス）』などに代表されるノンフィクション作家である一方、『絵本の力』といった子どもの読書に関する評論や『ぞうさん、どこにいるの？』などの翻訳も多くあります。事実を分析して伝える力と、想像の世界を旅する力とを併せ持つ柳田氏の本への愛を感じた2時間半でした。

講演会が開催された「ギャラリーふくろう」では、昭和61（１９８６）年の逆川の氾濫による浸水の痕跡を残した柱をそのまま使用し、水に浸かって修復しなければならなかったところだけに新しい木材を継いでいます。後世に災害の記録を残そうという試みを見ることができました。

ところで、ふみの森もてぎにはギャラリーと歴史資料展示室が併設されています。ほぼ完全な形で出土したみみずく土偶が展示されていました。

ちょっと愛らしいですね。みみずく土偶のこのような出土例は、考古学上注目すべきものの、その貴重さを伝えるには私の勉強が足りません。

また、歴史年表を一覧で見られるようにしてあり、町の歴史が身近に感じられることと思います。

再びツアーの話に戻しましょう。

今回は、小学校の廃校を生かした「昭和ふるさと村こころ宿ＮＡＧＯＭＩ」という宿泊施設を利用しました。茂木町では人的交流を目的に様々な取組みをしています。収穫体験、日帰りの移住体験ツアーもあります。夏休みには昭和ふるさと村を活用して「廃校トライアスロンinもてぎ」という5種目（雑巾がけ、三輪車こぎ、たらい漕ぎ、ランニング、玉入れ）の大会も開催されます。きっと皆さん、張り切ってしまい、翌日の筋肉痛は必至ですね。

みみずく土偶

夜は地元の野菜をたくさん使ったバーベキューで、役場や図書館の方々との交流会です。この交流会では、茂木町の財産とも言えるものに出会います。それは人材、人的交流でした。他のところから町を訪問する人たちをもてなす心が素晴らしいのです。ホスピタリティ、もてなしの心、これればかりはマニュアルや要綱で実施できるものではありませんし、養成できるものでもありません。土地柄、人柄、町柄でしょうか。ハートフルな人々に囲まれて幸せいっぱいのひとときでした。

茂木町は棚田でも有名です。青々とした棚田が広がり、農作物も豊かです。翌日は「たかばたけグリーンツーリズム協議会」の方々のご指導のもと、野菜の収穫を体験することができました。実は、ツアーの持ち物にサプライズ用として「軍手」「汚れてもいい服」と書かれており、不安でいっぱいの参加者たちでしたが、後になって思えば、きちんと予習をしていけば予想できたものの、アバウトな人が集まったしゃっぴいツアーですから、誰ひとり、高野代表のこの計画を予想できた者はいませんでした。

今回のツアーの私のもう一つの目的は、カメレオンコードが実用化されている現場を見ることでした。カメレオンコードとは、バーコードでもなくＩＣチップでもない二次元の情報ツールです。技術的な話は省略しますが、これには参加者も興味津々。書架と本と両方に使うことで、本の移動を手軽にできるようにするのです。テーマを決めて本を集める、レイアウトをこまめに変更する、といったことがシステムと連携することで簡便にできるそうです。

多くの図書館がＮＤＣ（日本十進分類法）を用いて図書館の本を分類していますが、ふみ

の森もてぎ図書館では、ＭＣＣ（Motegi Categorization and Connection）という独自の分類法を用いています。関館長の分類に対する考え方は、ふみの森もてぎのホームページの「森を語る」の中で連載記事になっています。カメレオンコードと分類に興味のあった私は、この記事を興味深く、そして夢中になって読みました。蔵書の一部を独自に分類したり、コーナーを作ったりしている図書館は結構あり、現に私の勤務する図書館でも独自の分類を一部で導入しています。しかし、ふみの森もてぎでは一部ではなく、全てを独自の分類法で整理しているのです。「森を語る」の中で関館長は、「Ｎ

DCの体系を全部崩してしまって一から分類法を作ってみてはどうか。そんな発想で考案した」と書いています。また「茂木町が大きな決断のもとに創設するふみの森もてぎです。その図書館空間は使いやすいことは当然として、訪れる人に魅力を感じてもらえるものでなければなりません」とも書いています。「創設」「魅力」という言葉に私は町の意気込み、関館長の想いを感じました。

現地を訪問し、独自の分類法の図書館を直接見学させていただくことでその魅力に触れることができました。カメレオンコードを使った配架計画は町民の生活や課題に沿っており、分類そのものへの深い洞察力に支えられた独自の分類法による館内のサインは「Aともに生きる」「Bすぐに役立つ」「C人生を楽しむ」というようにとても身近でわかりやすいのです。事象に即した分類も「D自然と環境を見つめる」「E世界と日本の現在を読む」などとなっていて、これなら、図書館の中をぶらぶら歩きながら、自分の目的やその日の気持ちによって本を探すことができる、本に出会えることができると思いました。「本に出会える図書館」は魅力的です。

私自身も図書館で仕事をはじめたときに先輩から分類を教えてもらいましたが、その先輩は、NDCは世の中のあらゆる学問を実に綺麗に体系づけているが、それがどれだけ理路整然とした体系であっても、世の中の事柄をそれにあてはめるのが難しい、それが分類の面白さなのだ、と言っていたことを思い出しました。一方、別の先輩は、ＮＤＣは利用者の発想とはかけ離れている、本をどう並べるかは、利用者の思考に沿って行うべきで、ＮＤＣの体系によって本を並べるべきではない、と言っていました。

「森を語る」の最後の方で、ＮＤＣを使わないでどうやって本を探すのか、という問いに対して、ふみの森もてぎでは、ＭＣＣは本の位置を特定するものではない、分類と図書記号等による請求記号ではなく、図書館システムとカメレオンコードを使って本を探す仕組みになっている、と説明しています。これを読み、なるほど、と思いました。それは、本を分類することと、本を並べ、探すこととを分けて考えること、つまり二人の先輩はどちらも正しく、しかし、分類にその両方を盛り込もうとするために、書誌分類と配架分類の間で私はさまよっていたのだということです。

そして、ツアーの帰りは益子と笠間に立ち寄りました。

益子の駅前で偶然お目にかかったのが、これから訪ねようと思っている益子陶芸美術館の館長さんとわかった時には、高野代表もびっくりしていました。いつもの高野マジックです。

最後になりますが、冒頭の「はてな」への答えで締めくくります。講演会に先立ち、柳田邦男氏の父親は茂木町出身、ご本人は栃木県鹿沼市で生まれ、地元の県立高校を卒業したと茂木町とのつながりを語る自己紹介がありました。講演の中でも、少年時代、高校時代に自分探しをする読書の素晴らしさを語る部分が印象的でした。

そして、もうひとつの「はてな」は図書館の名称でした。「ふみの森もてぎ図書館」の名前の由来については先ほどの「森を語る2」や、図書館雑誌の2017年5月号に、歴史の「史」文化の「文」書物の「書」に共通の訓「ふみ」に由来していると関館長自身が書いていらっしゃいました。自分探しをするために迷い込むことができるのは町の人の読書の森、「ふみの森もてぎ」という名を持つ木の香のする図書館です。

わかばのつどい〜引越大作戦の動画
http://www.toshokan.club/2016/04/22/hikkosi/
http://fuminomori.jp

どんどんつながる人脈のマジック

＜もてぎ被害者Оの証言＞

図書館と地域をむすぶ協議会チーフディレクター
慶應義塾大学講師
太田　剛

あれはいつだったか、〝しゃっぴいさん〟こと高野一枝さんとの出会いは。３年ほど前（２０１５年）かしら、図書館と地域をむすぶ協議会（＝とんち協）メンバーの１人に呼ばれて、銀座で開催された図書館関係者が集まる懇親会に顔を出した時だった。「図書館界の母と呼ばれている〝しゃっぴい〟さん」と紹介され、その小さな会の空気の中心にいる高野さんが眩しく見えたのを覚えている。幕別町図書館（北海道）のシステム改修をきっかけとした図書館改革に関わり、とんち協を立ち上げて半年くらいの頃で、まだ図書館関係者の方々の会話に違和感があった頃だった（今でも馴染めているわけではないけれど）。

その後、何度かいろいろな場面でお見かけすることがあったが、会っても軽く言葉を交わすくらいだった。ところが2016年11月の図書館総合展（横浜）でしゃっぴいさんは「今回の総合展はオオタさんのおっかけするからね！」と宣言し、四つ登壇したフォーラムのほとんどに顔を出してくれた。その中日にしゃっぴいさんの仲間（今思えば〝しゃっぴいツアー〟の皆さん）と、〝とんち協〟でお手伝いしてる梼原町《ゆすはら》（高知県）や那智勝浦町（和歌山県）などの関係者との懇親会が実現し、これから図書館づくりに突き進もうとする地域の皆さんには、とても刺激的な楽しい時間を過ごさせていただいた。

その2016年11月の図書館総合展では、図書館づくりのソフト面をフルコーディネートした「ふみの森もてぎ」（栃木県茂木町）が7月にオープンしたばかりで、フォーラムではその話に多くの時間を割いていた。それをしゃっぴいさんが聞き逃すわけがない（笑）。「私たち全国の図書館を見に行く会をやってるのだけど、茂木にも行くから、次にオオタさんが行く機会があったら、ぜひセットしてくださる？」とのこと。図書館づくりや講演などで全国を飛び回る日々、なかなかその機会はなかったが、2017年7月16日の「ふみの森もてぎ開館1周年記念／柳田邦男氏講演会」で実現することになった。

最初「ふみの森もてぎ」側に打診した時は、「講演会の準備やアテンドで手一杯で、せっかく来ていただいても案内もできない」と、色よい返事ではなかった。それはそうだろう。しゃっぴいツアーの面々は、名だたる図書館の司書や認定司書もいて、開館1周年の記念講演会の片手間でお迎えするようなメンバーではない。硬くなるのは当たり前だ。それを「案内は私がするし、特に何のお世話もいらないから」と解きほぐし、なんとか了承いただいた。もう一つ、しゃっぴいさんからの要請は、夜の懇親会で図書館の方々と交流したいとのこと。これには正直まいったがやるしかない（笑）。

7月16日当日の柳田邦男氏講演会は大盛況で、定員をはるかに超える人々が押し寄せ、溢れた方々のため急遽ライブ映像用のモニターを設置したほど。館内の案内も済ませ、廃校を改修した宿泊施設に落ち着くと、バーベキュー場には、「ふみの森もてぎ」の立ち上げを牽引した木村茂生涯学習課長（２０１８年3月で定年退職）、関誠二館長、小林裕子生涯学習課長補佐（原稿執筆時現在は住民課長）ほか、片付けを終えたスタッフの総勢８人（正職員も嘱託も含め）がズラリと顔を揃えてくれ、図書館づくりの苦労話など、時間が過ぎるのも忘れて楽しい会となった。忙しい中、手配していただいた「ふみの森もてぎ」の小峰久美子さんの奮闘に感謝。

翌朝には小林課長の旦那さんの小林正徳さん（現在は木村茂課長の後任で生涯学習課長）

の案内で、〝たかばたけグリーンツーリズム協議会〟の畑で新鮮野菜の収穫体験をさせていただいた（小林さんは前日のバーベキューに採れたてトウモロコシを持って来てくれた）。私はこの〝たかばたけグリーンツーリズム協議会〟による芳賀富士棚田オーナーになって、田植えや稲刈りを楽しませていただいているが、図書館づくりに、地元の棚田での土や水の感触が役立っていると思っている（農学部出身でもあるので）。芳賀富士棚田は宿泊施設のすぐそばなので、もちろんしゃっぴいツアーの皆さんをご案内した。

しゃっぴいツアーの皆さんとは、益子駅（真岡鐵道）でお別れすることになっていたが、その益子駅で突然、後ろから声をかけられた。ふりむくと益子町の法師人弘副町長（兼益子陶芸美術館長）だった。「ふみの森もてぎ」オープンの時にお会いして以来の再会。こんなタイミングでお会いするとは！　同行しているしゃっぴいさんを紹介すると、話はとんとん拍子で、そのまま益子陶芸美術館を訪問することになった。いやはや、このように次々と人が巻き込まれていくのが〝しゃっぴいツアー〟なのだなぁと、感心というか、半ば唖然としつつ、しゃっぴいツアーの皆さんを見送った。

このようにひょんな出会いからしゃっぴいツアーの被害者（笑）の一人になったわけだが、その後も全国を駆け回る日々の中、しゃっぴいさんからは例えば「12月11日は空いてる？」

との連絡が。忘年会のお誘いだが、1ヵ月に4日ほどしか東京にいない、しかも唯一のオフの日をピンポイントで指定する嗅覚には脱帽である。それでも今年（2018年）1月27日には、私が顧問をつとめる〝本くらう堂〟プロデュース「真冬のこわい本ビブリオバトルinふみの森もてぎ」に、しゃっぴいさんの鶴の一声で、しゃっぴいツアーのメンバー5名が駆けつけてイベントを盛り上げていただいた。

このイベントでも、「ふみの森もてぎ」の小峰さんの手配と小林夫妻の協力で、茂木町の皆さんのホスピタリティが遺憾なく発揮され、芳賀富士棚田の地元農家の方々との宴や、蕎麦打ち体験、イチゴ狩り体験など、都会の図書館関係者と茂木町の農業関係者の、普通にはあり得ない交流が実現した。私は〝とんち協〟と共に〝日本食文化観光推進機構〟の理事もつとめているが、この茂木町での〝しゃっぴいツアー〟の皆さんとの経験が、食や農業を介した図書館と地域の新しい関係づくりに何かヒントをいただいた気がしている。まだまだしゃっぴいさんとは、お互いに巻き込み合いたいと思っている。

Ⅳ　秋の編

大人の修学旅行
～長野県めぐり～

●長野ツアー
日程：2015 年 11 月 24 日～ 11 月 25 日
人数：8 名
行程：集合場所：東京駅 8:30　あずさ 7 号松本行（茅野下車）
1 日目：伊那市立高遠町歴史博物館・絵島囲み屋敷→
伊那市立高遠町図書館→伊那市立伊那図書館
→塩尻市立図書館→塩尻泊

2 日目：旧国鉄篠ノ井線跡遊歩道散策→松川村図書館
→松本市中央図書館
→旧開智学校→松本城→新宿 19:30 解散

★偶然目にした篠ノ井線廃線跡を散策したせいで、ナビがへそを曲げました。もちろん信州名物リンゴにワイン、そして地元のお酒「やまむろ」も満喫しました。そして、辛子稲荷にワサビ稲荷、甘い赤飯は、初めて口にした味わいでした。（た）

野澤義隆

私が偶然異動で図書館へ来たのが平成21年、司書の資格も知識も持たないほぼゼロからのスタートでした。それまでの10数回の異動の度にゼロからの勉強でしたが。

全国図書館大会や専門図書館協議会全国研究集会には、予算も確保され以前から参加していました。それに加え、私が着任してからは、5人の全館員が図書館総合展に交代で参加するようになりました。私自身は、さらに平成23年から、産学官民情報ナビゲーター交流会へも毎年参加しています。

その交流会の帰りのエレベーターで、しゃっぴいおばさんこと高野さんに「お茶を飲みに行きましょう！」とナンパ！されたのでした。後で聞いたところによると、同じ目的で積極的に講演を聞くために来た人なんだから誘ってみたのだそうです。

それ以来、高野さんが企画された図書館見学旅行のうち、長野県の他に、佐賀県、大分県、長崎県、岐阜県、栃木県などの図書館見学旅行に参加させていただいています。余談ですが、その影響でしょうか、旅行に行っても香港中央図書館やシンガポール国立図書館を訪ね、長居してしまいました。

さて、平成27年11月24日、25日の2日間にわたる長野県内の図書館見学ツアーです。

朝8時30分に新宿を出発、茅野駅でレンタカーのワゴンに8人が乗り込み、昼食は移動中の車内でというういつものパターンで始まりました。今回は翌日19時30分には新宿着という弾丸ツアーです。

2日間で訪れたのは次のとおり（※印は当初の目的地）。

1 伊那市立高遠《たかとお》町歴史博物館・絵島囲み屋敷
2 伊那市立高遠町図書館（※）
3 伊那市立伊那図書館（※）
4 塩尻市立図書館（※）
5 旧国鉄篠ノ井線廃線敷コース
6 松川村図書館（※）
7 松本市中央図書館（※）
8 旧開智学校
9 松本城（※）

このスケジュールで、もう出発する前から満腹気分。でも、いざ回っていると知的刺激と時間に追われ続け、無我夢中で不安が生まれる暇がありませんでした。あまりにも膨大な情報量のため記憶が穴だらけですが、順に印象的な思い出を振り返ってみます。

1　伊那市立高遠町歴史博物館・絵島囲み屋敷

元禄時代、江戸城で有名な絵島生島事件が起こり、絵島は高遠に幽閉されたのでした。絵島囲み屋敷には、男女の役人が詰める部屋や担当の大名が江戸の幕府へ事細かに伺った文書の一覧（例えば、たばこを求められたら与えてよいか、メモ用セットを与えてよいか等）がありました。それらを見ると、きわめて神経質なまでに扱いに注意している様子が伝わってきます。その歴史的な絵島囲み屋敷を直に見学できたことは、一生忘れられないでしょう。

2　伊那市立高遠町図書館（※）

高遠は歴史もあり古文書も多く残されており、大量の資料のデジタル公開が楽しみです。中でも、浅間山の噴火被害の立体古地図は風向きまで記載されており、皆が感動して見入っていました。

浅間山噴火被害の立体古地図

また、古文書と対照的にＩＴの最先端技術を使った時代のアプリとして、古地図上で現在地を表示できるという「高遠ぶらり」を、スマホを使って見せていただきました。

ちなみに、東京都新宿区の区名由来は、甲州街道の最初の宿場である内藤新宿。そこには高遠藩内藤氏の江戸屋敷がありました。そのため、高遠の歴史資料の一部は長らく新宿区に所蔵されていたのですが、今は高遠に帰ってきています。

3　伊那市立伊那図書館（※）

伊那市立伊那図書館では、地域の情報拠点「伊那谷自然環境ライブラリー」という熱い取組みについて伺いました。他に引き付けられたのは、発禁本コーナーを作ってのイベント開催です。なぜこれが当時

塩尻市立図書館の壁柱

発禁本だったのだろう？　と思う本がいくつも見られました。

4　塩尻市立図書館（※）

市民交流センターえんぱーくの中にある塩尻市立図書館に着いたのはもう真っ暗になった17時。

そして入館して見た「壁柱」は、カルチャーショックでした。図書館内には通常の柱はなく、厚さ20㎝程の板状の壁が柱の代わりになり、同時に仕切りにもなっています。これだけは図面や映像ではなく直接見に行くことをお勧めします。

そのほかの特徴として、外国の方にも日本の文化を知ってもらう目的で、英語の教材や英語に翻訳されたコミックを購入しています。英語版「ワンピース」がずらりと並んでいました。

5　旧国鉄篠ノ井線廃線敷コース

二日目の朝、北へ車を走らせ松川村図書館へ向かうはずが、途中で見つけた旧国鉄篠ノ井線廃線敷コースを散策することになりました。これもまたしゃっぴいツアーならでは。駅ホーム跡、トンネルなどを歩いているとワクワクし、マニアの気持ちがわかるような気がします。

ここで事件が発生。散策後、カーナビの示すまま松川村へ進むと、どんどん山奥へ入って行き、不安が募っていきました。結局たどり着くことはできたのですが、しっかり遅刻してしまいました。

松川村図書館の文学エリア

6　松川村図書館（※）

松川村図書館は、小さい地域の図書館だけに利用者はほとんど知り合いです。書棚の文学エリアには書店のように作家の名前札が挟んであるのですが、名前だけではなく作家の顔写真とプロフィールや代表作も見やすく読みやすく入っているのです。コロンブスの卵のようなアイデアです。

7　松本市中央図書館（※）

松本城や旧開智学校とともに歴史のある松本市中央図書館でも、館長をはじめ補佐の方々から、本館の長い歴史から数ある分館の特徴など大変丁寧に説明していただきました。特別展示の中では、ユタ州へ移民した日本人が、大正3年から平成3年まで戦

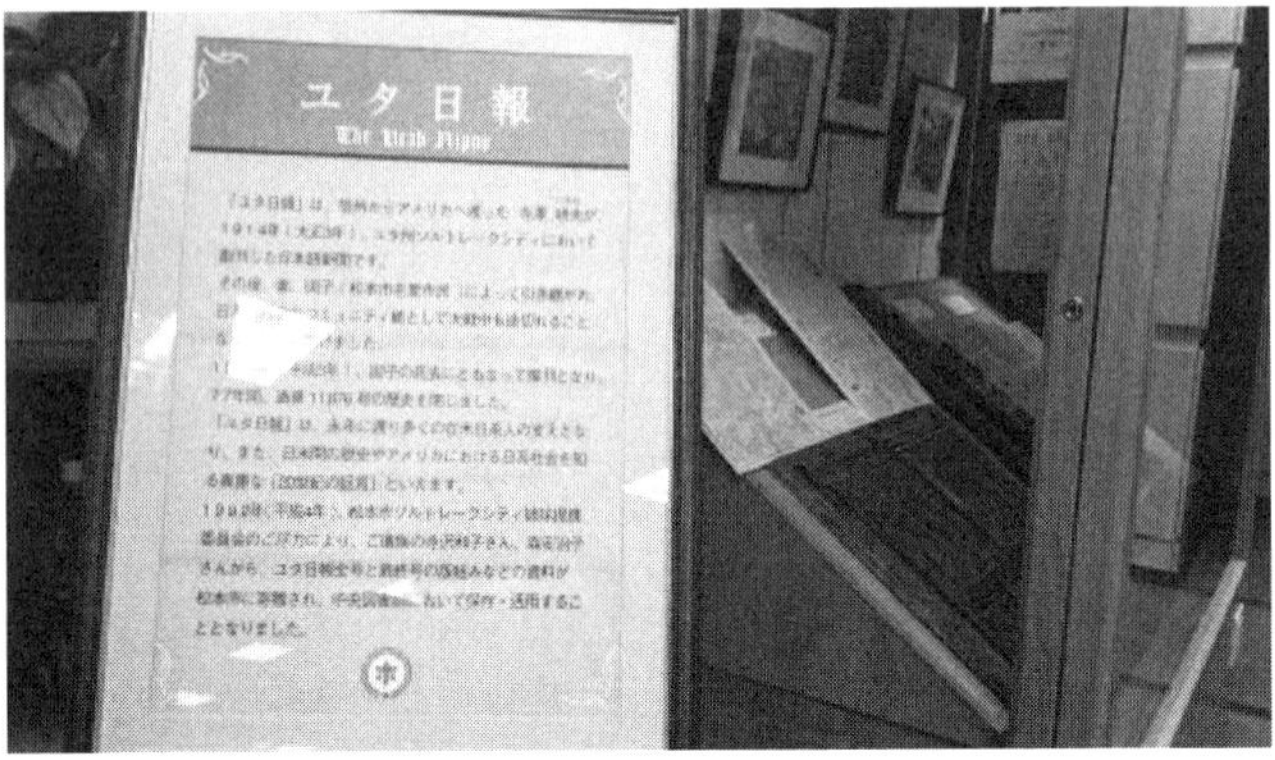

松本市中央図書館　ユタ日報展示

争中も途切れることなく発行を続けた「ユタ日報」が印象的でした。

8　旧開智学校

図書館のすぐ近くにある旧開智学校の見学は、当初の予定にありませんでした。けれど、メンバー総意により急遽追加し、時間の余裕がない中で急ぎつつもしっかり見学しました。

9　松本城（※）

さて、いよいよ時間がありません。松本城まで総員駆け足、さらに各階をぐるぐるドタドタ、天守閣まで走って見学しました。とんでもないマナー違反です！後で誰かが「世が世なら切腹ものだ」とおっしゃっていました。素直に反省です。有名芸能人のロケに気が付くもほぼシカトです。

さらに、きわどい時間で帰りの電車の中で食べる物や、お土産のお菓子、お酒も厳選して購入します。みんな最後の最後まで真剣勝負です。

一週間の修学旅行を2日間に圧縮したような、大人の社会科見学は以上です。弾丸ツアーを振り返ってみると、参加者一人ひとりが皆、しゃっぴいおばさんと同じ意気込みをもって楽しんでいるからこその弾丸ツアーであり、立ち寄り先も増えていくのかなと納得した次第です。

なお、もちろん大人の修学旅行ですから、訪問先の方々との夜の懇親会や、興奮冷めやらない見学感想談義も大変盛り上がり、これも大きな楽しみの一つです。

翌日から仕事が待っている皆さんでしたが、休暇を取り自費で見学する贅沢を堪能して、また次回のツアーが待ち遠しいようでした。図書館見学自体もとても有意義ですが、仲間と一緒に回る醍醐味は経験しないとわかりません。竜宮城に行ってきた浦島太郎のように。

えっ、玉手箱ですか？　もちろん開けましたとも。ほら、このとおり。

島へ行こう！
～男木島《おぎじま》図書館プチツアー編～

●男木島ツアー

日程：2016年11月27日～11月28日

人数：4名

行程：前日、前哨戦：高松空港から岡山へ→瀬戸内市民図書館
岡山泊後、翌日他のメンバーと合流

集合場所：高松駅

1日目：高松市中央図書館→男木島図書館→男木島泊

2日目：うどん体験→金毘羅山→現地解散

★4人中2人の体調が思わしくなく、珍しく大人しい道中となりました。
大人しいというより、本当にしんどかった！
金毘羅山、登りたかったなあ～。（た）

佐倉市立図書館（千葉県）
小廣早苗

旅の始まりは、いつも突然に

２０１６年10月下旬、しゃっぴいさんから一通のメールが届いていました。件名は「11月27、28日に男木島ツアーを企画します」。メールを開いた時点で、しゃっぴいツアーは始まっています。仕事や家族の予定を確認して調整し、まずは参加表明を返信します。あっという間に定員となる（基本は申込先着順？）こともあり、やはりスピードは肝要です。

締切が過ぎてしまっても、ダメ元で「問い合わせてみるべし！」。当ツアーならでは（笑）の心得です。お手数をかけて申し訳ない等の遠慮は、しゃっぴいさんには（おそらく、笑）全く不要です。すでに満員御礼で参加が叶わなかったとしても次の機会につながります。

もちろん都合がつかず参加できなくても、返信します。案内への御礼を返す、一般常識マナーとして自体は（多分、笑）気にしなくても大丈夫です。

要は、自分がどうしたいのか、まずは「その気持ちを相手にきちんと伝えること」、さらに「自分の気持ちを伝えたとしても１００％丸ごと相手に受け入れてもらうことを期待するものではない」と、しゃっぴいさんは言います。そうして初めて意見調整の段階となる訳です。当たり前のことなのですが、職場や家庭での対人関係を振り返ると、自分の意見は二の次にしたり、後出ししたり、挙げ句文句ばかり、ということがいかに多いか気づかされます。

〈遊・学〉～旅から学ぶ～島の魅力を体感しに行く！

仕事の合間を縫って、できるだけ様々なイベントに参加することを心がけています。しかし、イベント自体が重なることも多く、諸々の調整に四苦八苦する日々です。この年は、11月下旬～12月上旬に職場から近接の千葉市で地区別研修が開催予定でした。そちらも参加しやすい貴重な機会でしたが、この時はプライベートでの〈遊・学〉旅を優先することにしました。〈遊・学〉、遊びから学ぶ、遊び自体が学び、というのも、しゃっぴいツアーの心得です。

とはいえ、なぜ島？　島の図書館って？　風土や生活基盤、人口規模も全く異なるとなれば、わざわざ見に行って何を参考にするの？　と思われるかもしれません。

「地方創生」「地域活性化」「地方消滅」「生き残り作戦」など、今や盛んに各種メディアで取り挙げられていますが、「今、島が熱い！」「島に注目！」といった声や文字が目に留まるようになったのは２０１５年頃だったでしょうか。限界集落とも表される過疎地域や離島における取組みが、先進事例として、様々なメディアで紹介され始めていました。

単に行って見てきたとしても、決して真似できるものでもありません。けれど、現地で様々な人に出会い、色々な考えに触れる。実際の体感から得られる気づきは、表面的な記憶ではなく、無意識の思考に反映されてくるような気がします。その視点から、改めて自分の立っている足元を見ると、以前とは全く違ったものが自然に見えてくる。そんな不思議感覚も体感できます。

男木島はもちろん、四国に行くのも不肖ながら初でした。メールをいただいてから4日後に参加希望とわくわくしながら返信したところ、今回は一番乗りで、さらに、しゃっぴいさんを含めて4名と最小？催行人数でのプチツアーが決行、と相成りました。

〈前哨戦〉まずは瀬戸内市へ

〈2016年11月27日（日）、高松空港に集合〉、ツアースケジュールの冒頭です。

当日は、あいにくの雨模様でした。しかし前日は快晴だったのです。

実は、このツアーに併せて前日に飛行機で高松入りしていました。空港からバスで高松駅に移動、駅から電車で瀬戸大橋を渡り岡山市へ、さらに電車を乗り継いで瀬戸内市へ〈勝手に一人オプションツアー〉を敢行したのでした。

飛行機などの空路だと国内ならあっという間です。お手頃な格安航空会社も増えて、各地の空港も、よりカジュアルに利用できるようになってきています。

お目当ては、同年6月に開館した瀬戸内市民図書館もみわ広場です。さらに路線バスに乗って牛窓まで足を延ばしました。海沿いをゆっくりと散策し、〈日本のエーゲ海〉なる穏やかな海辺の風景を堪能しました。

中国四国地方への主要な入口である岡山駅からは、岡山市内にある岡山県立図書館はもちろん、隣の倉敷市さらには鳥取方面へも遠征できそうでした。旅のスケジュールを考える時、大枠を組む以外あまりかっちり作り込み過ぎないこと。予定通りにこなすことよりも、当日の急な変更に臨機応変に対応可とすることが、旅の満足度を上げることにつながります。

これも、しゃっぴいツアーに何度か参加する中で体感して学んだことです。今回の〈勝手に一人オプションツアー〉の内容も、あまり欲張らず次の機会へのお楽しみとすることにしました。

〈1日目AM〉高松市中央図書館、菊池寛記念館、香川のソウルフード！

香川県高松駅に、関東から参加の4名が無事に集合しました。当初は、まずレンタサイクルで市内巡りの予定でしたが、雨のため変更です。さらに、しゃっぴいさんとツアー常連参加者Kさんは、体調が優れない中での参加でした。

いつもはタイトなスケジュールで精力的に走り回るのが信条（笑）のツアーも、今回は体調と相談しながらゆっくり楽しむことになりました。少人数ツアーだったことも幸い、まずはタクシーで高松市中央図書館へ向かいました。

高松市中央図書館は、１９９２年に建設された複合施設「サンクリスタル高松」内にあります。日曜開館中ながら雨の影響もあってか静かな館内を、利用者に交じりながら、そっと見学しました。

郷土行政資料コーナーの充実ぶりや、県内自治体の広報誌ほか地域産業関連の逐次刊行物も幅広く収集されており、また、ビジネス支援コーナーも設置されていることなどが印象的でした。この地域の産業経済文化の中心的存在として発展してきた歴史ある土地柄が、まさに蔵書に反映されていると感じました。

私達ツアー参加者が、放っておけば何時間でも図書館に居続けてしまうことを、これまでの経験から知りすぎるほど知っているしゃっぴいさんです。手慣れた仕切りで、同建物内の３階にある菊池寛記念館に移動しました。ここでは、「生活第一、芸術第二」がモットーであったという菊池寛の生涯に、短時間ながら感慨深く触れることができました。まさに、ご当地ならではの醍醐味です。

１階ロビーにあるカフェで休憩しましたが、O氏おすすめのプリンは残念ながら完売でした。なんとなく満たされない想い（笑）で、フェリーに乗る前にお昼を食べることにしました。せっかくのうどん県です。疲れと寒さで青白い顔色の人でも食べられそう？と、ここは、うどんで手早く暖まりました。そして島に行くためにフェリー乗り場へ向かいました。

〈1日目PM〉いざ男木島《おぎじま》へ～自分たちの手で作る〝図書館〟

男木島は、瀬戸内海の中部、岡山県と香川県の間にある備讃瀬戸に位置しています。現代アートの祭典である瀬戸内国際芸術祭の、第1回目の２０１０年より会場となっており、また、動物写真家の岩合光昭氏が撮影に訪れて「猫の島」として紹介されたことからも、多くの観光客が訪れるようになったそうです。その後、Iターンやターンの移住者も増え、廃校となっていた小中学校が復活したエピソードも印象的です。

人口１６４人（１０５世帯、平成30年4月1日現在）、島内にコンビニやスーパーはない、そういった中での図書館とは、いったいどんな場所なのだろう？と思いながら、高松港からフェリー「めおん号」に乗りました。

実は、乗り物は苦手です。車や電車などの陸路はともかく、特に船などの水路は、海なし県育ちのせいで全くの素人です。船酔いを心配していたのですが、デッキに出て風に吹かれ

晴れた青空に白い屋根が映える男木交流館

ながら、霧に霞みつつ合間に見えるどんよりとした海と空、次々に現れる島影を眺めて約40分、あっという間に男木島に到着しました。

観光も一段落のオフシーズン、あの白い屋根が有名な男木交流館も静かに佇んでいました。

雨で足元も悪く、夕刻も近づき薄暗くなってくる中、不案内な道を冒険する元気や気力は珍しくも（笑）今回はありませんでした。島内散策は断念し、男木島図書館に直行して夕方までゆっくり過ごすことにしました。

男木島図書館は、ＮＰＯ法人が運営している私設図書館です。２０１６年２月に開館しました。代表理事の額賀（福井）さんは、車移動が不可能な島内独特の風情のある狭い道を、昔から島で使われてきた生活道具である〝オンバ〟と呼ばれる手押し車を使って移動図書館をされたという逸話の持ち主です。

さらに、築100年の古民家を、住民の方はもとより、島内外のボランティアの方と一緒に図書館として改装し、クラウドファンディングで本棚や蔵書購入のための資金調達をした

オンバ（手押し車）を利用した展示棚

経緯などは、複数のメディアで紹介され注目されていました。

館内は、本当に居心地の良い空間でした。古さと新しさが融合しているかのようなデザイン性もさることながら、何よりも運営されている方々のホスピタリティから醸し出されている、さらさらとした

空気感で館内全体が満たされているからではないかと思いました。

カフェも併設されています。館内で飲食ＯＫです。ちなみに館内撮影もフリーです。運営資金ほか、蔵書も随時寄贈を受付していますが、こちらはアマゾンのウィッシュリストの仕組みを活用しています。男木島の図書館として、きちんと選書された蔵書構築がなされているのです。

図書館とあれば、いつまでも居座り続けたいメンバー（再び、笑）でしたが、名残惜しみつつ図書館を後にしました。向かった宿泊先は、蛸壺漁師のご主人が奥さんと一緒に運営している民宿です。まるで親戚の家に泊まりに来たかのような気安さでした。

男木島名物のさくら飯（蛸の炊込ご飯）ほか蛸づくしの夕飯を堪能した後、いつものしゃっぴいツアーなら勉強会と称した宴会や、２次会の部屋飲みがお決まりコースですが、今回は飛び入りゲストもなく静かな夜となりました。

〈２日目〉　琴電で金毘羅さん詣、うどん作り体験、金丸座

翌朝は快晴でした。これまた、いつもなら日の出とともに起床して朝飯前の早朝散歩や体操がオプションのツアーも、今回はゆっくり朝寝して、青空に白く輝く男木交流館に見送ら

れながらフェリーで高松へ戻りました。
その後、琴平線の始点から終点まで電車に乗り、金毘羅宮まで移動しました。まずは門前で踊りながら（笑）うどん作り体験をした後、体力消耗組が温泉で休憩している間に、かの石段に息を弾ませつつ初の金毘羅詣をしてきました。
参道沿いにある、現存する最古の芝居小屋である旧金毘羅芝居小屋（別名、金丸座）では、千両役者気分で鳥屋から花道を歩きました。葡萄棚造りの天井や、楽屋や奈落も見て、ロイヤルボックスにも座りました。係の方の丁寧な解説がとても素晴らしく、満喫できました。

図書館は「人」なり！

司書（図書館で働く人）というと、まず誰もが思い浮かべるイメージは、本好きインドア派、控えめ消極的で物静か、人と話すのも苦手……（以下略）でしょうか。私の中にも、そんな自分がいます。さらに数年前までは、残業で夜遅くなるのさえおっかなびっくり、ましてや宿泊で家を空けて旅を楽しむことは想像すらできませんでした。

それが今では、これまでのしゃっぴいツアーの約5割の参加率で、SNS上の知り合いからは〈コヒロは本当に仕事をしているのか疑惑〉を持たれている始末（笑）です。これも、しゃっぴいツアーのミラクルです。

人は、ほんのささいなきっかけや気づきさえあれば、変わることができます。でも、変わること自体が目的ではないと思います。変わる必然や必要があったからこそ、変わった自分がいて、また相変わらずの自分もいます。私自身、以前と変わった面もあれば、変わらない面もあり、日々の気づきと試行錯誤の連続です。それでいいかどうかはともかく、その「自分」を認めること、これもしゃっぴいツアーに参加しての気づきです。

タイトルの「たまてばこ」にも、同じような意味が込められていると思います。その「はこ」を持つ人がどう思ってどう使うかにより、同じ箱も、ある人にとっては単なる箱だけど、ある人にとってはとても役に立つものだったり、またある人にとっては大切なものがしまってある箱になったり、大事なかけがえのない思い出の象徴になったりします。

「図書館」も同じ「たまてばこ」ではないでしょうか。人が「図書館」を作り、「図書館」を使い、人そのものが「図書館」になることもあります。まさに、図書館は「人」次第の「たまてばこ」です。

これからも様々な地域を訪れながら「気づくことのできる司書」となるべく、それぞれの場所で「たまてばこ」が持つ色々な意味について考え続けていきたいと思います。

2017秋☆東北456ｋｍ北上ツアー

●東北自治体職員とツナガル。ツアー
日程：2017年10月7日～10月9日
人数：10名
行程：
前哨戦：7日、白石市にて「鬼小十郎まつり」観戦→白石市泊
集合場所：米沢駅
　白石組は、白石市からレンタカー
　当日組は、米沢で合流し、2台のレンタカーで移動
1日目：市立米沢図書館→山形市立図書館→山寺
　→天童にて懇親会＆宿泊
2日目：東根市図書館→山居倉庫→由利本荘市中央図書館
　→寒風山→男鹿半島宿泊
3日目：八郎潟町立図書館→国際教養大学中嶋記念図書館
　→秋田県立図書館→
　帰京組：16:30 秋田発新幹線で帰京
　残留組：当日紫波町まで移動し紫波町泊

★よく移動しました。しかも縁もあって、結局7つの図書館を見学。地元の自治体職員ともつながって、東京駅近くの一般財団法人地域活性化センターを訪れるきっかけとなりました。(た)

山武市さんぶの森図書館（千葉県）
豊山希巳江

高野さん、巻き込まれる!?

勤続20年で休暇をもらえるときいて、10月に東北へ行こう、と決めた私。なぜなら、宮城県白石市の鬼小十郎まつりに行きたかったから。せっかく行くなら、東北のお友達を訪ねながら、図書館見学もしようと思い立ちました。さあ、誰と行こうか、一人旅もいいけれど……。

そうだ、高野さんを誘おう♪

3月1日21時「高野さーん、提案。秋に秋田行きませんか?」と送信。

すると1分後、

「行くよ～♪10月の第1週の予定です。奥入瀬も遊びたい。今度予定組みましょう!\(^o^)/」という返事が!! こんな調子で、とんとん拍子? に東北行きが決まりました。

それからは打ち合わせです。旅行会社のツアコン並みに綿密に、丁寧に予定が決まっていきます。どこで誰と会うのか、レンタカーはどこからか、運転手は? など、BICライブラリで、秩父で、東京駅で、館山でと、打ち合わせ場所も津々浦々でした。

今回のツアーの目玉は、「図書館員と元気な公務員の出会い」です。図書館員がツアーをするとどうしても図書館視察が中心となります。でも、その地域で頑張っている行政職員と話をすることで、図書館員との目線の違いに気づけたらラッキー♪と思っての企画です。私のわがままに、しゃっぴいさんこと高野さんが巻き込まれるレアツアーの始まりです。

高野さん、引き寄せる

10月7日、東京駅東北新幹線のホームで高野さんと合流。初日は図書館見学なしで「鬼小十郎まつり」という、しゃっぴいツアーでは考えられないコースです。参加者は高野さんと私の二人だけ。宮城県白石市のアンバサダーでもある声優の森川智之さんに会うために来たともいえる白石市には、きっと同じ目的であろう「いかにも」な女子グループが目立ちます。すると、外国人も新幹線から降りてこられました。「外国人も来るんですねぇ」なんて話していました。

ホテルまでタクシーを拾おうとすると、なんと目の前に今晩の宿のマイクロバスが！　バスには女子たちが吸い込まれていきます。高野さん、「ラッキー！　乗せてもらっちゃおう！」と運転手さんに交渉。予約していないのですが、そこは高野さんの底力。運転手さんに「二人くらいなら」と言わせ（！）、無事に宿まで送っていただきました。

荷物を預けた後はお昼ごはん。白石市名物温麺《うーめん》を食べることに。地元でも有名なお店のようで、隣には制服を着ている男性グループが座り、中ではテレビ取材も行われていました。おなかいっぱいで会場を目指します。

天守閣の前の広場は大混雑。「大坂夏の陣 〜道明寺の戦い〜」を模して、武将たちの戦いを再現する大掛かりな劇が見どころです。準備段階から気合いが入っていて、全国から役者として参加したい人が集まるそうです。

見物席を陣取ると、温麺屋さんで隣にいた男性陣が目の前に。地元の警察署長さん、郵便局長さんだったようです。そのあと、開会式で紹介されたゲストは、なんと新幹線ホームで見かけた外国人たち！白石市と提携している都市の大使さんだったのです。あちこちでキーマンたちを引き寄せていたことにびっくりです。

しかし悲劇はその後ホテルで発覚しました。高野さんが大切にしていたダイヤモンドのネックレスがないのです。気づいたときには既に遅し。一縷《いちる》の望みを捨てずに探すと、なんとチェーンだけが残っていました。残念ながらダイヤは見つかりませんでしたが、高野さんのミラクルを改めて感じた夜でした。

市立米沢図書館の壁面書庫

強硬突破の一日

2日目、10月8日はレンタカーで米沢へ。合流組7人を迎える前にお昼用のお弁当を調達です。今回のツアーは移動距離が長いので、おいしいものは食べたいけれど、時間がかかるのはもったいないと、米沢名物の「牛肉どまん中」弁当にするつもりでしたが、目に入った「焼肉どまん中」に心を奪われ、急遽アップグレードしちゃいました。

米沢駅からはレンタカー2台で、「ナセＢＡ」の愛称で親しまれている複合施設の中にある市立米沢図書館へ向かいます。館内ぐるりと書架に囲まれていて、まさに「本に囲まれた」図書館です（写真の壁面書庫（3Ｆ〜5Ｆ）は、一般入室不可ですが、特別に入れていただきました）。

思っていたよりも広く高く、細部にまでこだわりぬいた図書館でした。博物館での経験から、いろいろなアイディアで図書館を運営する館長さん自らご案内いただきました。ＰＯＰや館内掲示などがきちんと行き届いていて、市民が集い、学び、発表することができる素晴らしい複合施設でした。こちらには、米沢市役所の相田隆行さんが駆けつけてくださいました。ロビーで例のお弁当を平らげ、次の目的地へ。

次は山形市立図書館です。カーナビ通りなのに、どんどん住宅地へ入り込んでいきます。

山形市立図書館

不安に駆られたところ駐車場が見えて、ほっと一安心。裏口に駐車場があったのでした。1号車とも合流し、いざ図書館へ。

　ところが、裏口から表に抜けるための門扉が閉まっています。「出られない！」という私たちをかき分けて、高野さん、「開けたら閉めとけばいいのよ！」だそうです。はい、ごもっとも。無事表側入口から図書館へ入ることができました。

図書館職員の田辺政則さんにご案内していただき、館内を見ると、住宅地の中という立地も幸いしてか、たくさんの方が利用していました。建物は30年ほど前のものだそうですが、館内にスロープが設置されていて、車いすでも、ベビーカーでも館内自由に見て回れる、バリアフリーな図書館でした。図書館外のガラス展示ケースのなかはボランティアグループの紹介がされていて、本当に地域の人に愛されているなあと感じました。

山形市立図書館を出たところで高野さん、なんだか慌てています。山寺参拝を狙っていたのです。山寺付近は参拝客でかなりの人出です。まだ山寺の案内も見えないうちから高野さんの乗る1号車は駐車場へ入っていきました。やる気満々です。

ところが、程よく疲れた2号車組。田辺さんから山寺見学のベストポジションは芭蕉記念館だと教えていただいたこともあり、山寺参拝はあきらめ、記念館へ向かいました。あとで、高野さんに「軟派組」と言われましたが、和菓子とお抹茶でのんびりしたり、正岡子規や山武市ゆかりの伊藤左千夫の展示を見たりして、大満足でした。

その後、ホテルのある天童市へ。この日の締めは、田辺さんをご紹介してくださった、山形市役所の後藤好邦さんとの懇親会です。後藤さんはまさに地域で酒造りをしたり、東北

まちづくりオフサイトミーティングを立ち上げたり、育児中のパパであったりと、お仕事以外の活動も熱心にされている方で、私が尊敬するお一人です。おいしい山形料理を食べながら、楽しいひと時を過ごすことができました。お話の中で、後藤さんから山形県東根市の図書館をご紹介いただきました。予定にはなかったのですが、興味がわいた面々からのリクエストにより、朝一で行くことになりました。

さらに、ひた走る！

3日目、10月9日は、後藤さんご紹介の東根市図書館からスタートです。須貝

東根市図書館

未菜さんが案内をしてくださいました。こちらはできて間もない複合施設「まなびあテラス」の中にある図書館です。自動貸出機が多く利用されていて、カウンター職員は少数精鋭でシフトを組んでいるそうです。図書館の隣にはカフェがあるのですが、なんと、図書館側にもカフェの注文カウンターがあるのです！　とても面白いつくりだなあと感じました。

見学後はまた分乗。そうそう、ハンドルを握る私、ものすごい方向音痴なのです。次の目的地までかなりの距離です。心配だったのでカーナビだけではなく、google マップ（以下グーグル先生）にも目的地セットです。ところが、セットして一つ目の交差点で事件は起こりました。カーナビは左と言い、グーグル先生は右と言います。さらに、1号車はなんと、直進したではないですか！「困ったときはグーグル先生」と決めた私は、右の道を進みました。

2号車は最上川沿いを北上する一般道コース。時に窓を開け、写真を撮りながらの道のりで、渋滞もなくするする進みました。「1号車は今どこだろうねぇ」と連絡を取ると、なんとパーキングエリアの話をしています。「高速!? 月山？どこ？」と調べてみると、全く違うルートで向かっていました。結果としては2号車のほうが早く着いちゃいました。それぞれ違った風景を楽しみながらのドライブでした。

山居倉庫で合流してお昼休憩です。つや姫のおにぎりやソフトクリーム、カニ汁で幸せいっぱい。立ち並ぶ倉庫とケヤキ並木はまさにインスタ映えの風景でした。

また車に乗り込み秋田県に入ります。とにかく風力発電の風車がたくさんありました。写真を撮りながら由利本荘市の図書館を目指します。

由利本荘市の市役所職員、神坂文康さん、工藤直史さんが出迎えてくれました。由利本荘市中央図書館は開館6年目、文化交流館カダーレの中にあります。宇宙船をイメージした凝ったデザインです。館長補佐の古川淳さんが案内してくださいました。建設の時に意見のすり

由利本荘市中央図書館

合わせがしっかりできずに、使い勝手よりもデザインが先行したという背景もあるそうですが、現在の図書館は、あるものをどうやったら魅力的にできるのかを追求した、とても素敵な図書館だと思いました。現在（平成30年2月末）は東京の一般財団法人地域活性化センターに出向しておられる加藤淳子さんも立ち上げに尽力されたそうです。館内は人がいっぱいです。地域に根付いた図書館だと感じました。

　見学後、一路男鹿半島のホテルを目指します。行く先々になまはげが立っています。「早くホテルでゆっくりしたーい」と思う私。しかし、高野さんにはさらなる野望がありました。なんと、「寒風山で夕陽を見たい」のだそうです。時間はぎりぎり。1号車は寒風山に向けてひた走りました。途中で渋滞にはまり、あきらめムード2号車をさておき、高野さんは1％でも可能性を信じて向かったのです。そのおかげで1号車は残照を見ることができたそうです。ちなみに1号車の面々、集合写真を撮ってもらった方に家族と間違えられたそうです。高野さん、新しい家族をゲットしちゃいました（笑）。

泊まったのは、「湯けむりリゾート男鹿ホテル」です。懇親会にはスペシャルゲスト、廣嶋由紀子さんが登場しました!! 廣嶋さんは、最終日に行く八郎潟町立図書館の司書さんです。ホテルでの夕食はどれもおいしかったです。特にアツアツの石で一気に加熱する石焼鍋の調理パフォーマンスを見学して、おなか一杯幸せ一杯で締めくくりました。

戦いすんで日が暮れて

最終日10月10日は、駅前にある複合施設、はちパルの中にある八郎潟町立図書館からスタート。ニャンパチというキャラクターがお出迎えしてくれました。できたてほやほやの図書館で、私の勤める図書館と同じくらいの規模のように感じました。開館に尽力された元秋田県立図書館の山崎博樹さんも合流され、開館準備のお話も伺いました。船に見立てたデザ

八郎潟町立図書館

インの図書館で、本を探しやすい見出しや、展示の仕方もとても勉強になりました。また、珍しいところでは、図書館入り口正面に鎮座していた毎月のテーマ展示用のモジュール企画展示台です。この展示台の中は空洞になっており、工夫次第で様々な用途に使えるそうです。

そのあとは日本一美しい図書館といわれる国際教養大学中嶋記念図書館へ向かいます。一度はこの目で見たいと思っていましたので、念願がかないました！ 形状は半円で、階段状に本棚がせりあがっています。秋田杉を組んでつくられた木の図書館です。

この図書館は３６５日、24時間利用で

国際教養大学中嶋記念図書館

きるのだそうです。蔵書は英語で授業が行われていることを反映し洋書が和書よりも多く、小説などの和書を読みたい人は秋田県立図書館から借り受け可能とのことでした。

さあ、お昼ごはんです。高野さん、稲庭うどんを食べたいと山崎さんに頼んでいたそうです。山崎さんについていくと、なんと「讃岐うどん」の看板が！「まさか！」と心配になる私たちをよそに、山崎さんは讃岐うどん屋さんの前を通り抜け、その隣の秋田料理のお店へ。あーよかった。しっかり稲庭うどんを堪能した私たちは、旅の最後の見学場所、秋田県立図書館へと向かいました。

秋田県立図書館

秋田県立図書館は街の真ん中にあります。駐車場は満車で、なかなか館内に入れません。もちろん館内も人がいっぱいです。館内はかなり広いワンフロアなのですが、見出しが見やすいので、目的のものが見つけやすいように思いました。ビジネス支援コーナーはさすがの充実ぶりですし、行政サービスのアピールも充実しています。また、児童サービス、学校への配本サービスもぬかりありません。まさに打って出る図書館であることを実感しました。特別に閉架書庫にも入れていただき、たくさんの貴重な資料も拝見しました。

私が一番気に入ったのが、雑誌スポン

サー紹介コーナーです。雑誌スポンサーというと、本のカバーや雑誌架に広告や事業者名を記載するものと思っていましたが、秋田県立図書館は一味違います。その会社の商品まで展示しているのです。私たちが伺ったときは、水産会社が紹介されており、ハタハタの商品などが本と一緒に展示されていました。山武市が導入するときはぜひ真似したい！と思いました。

図書館を出て、レンタカーを無事に返却し、駅ビルで食料＆お土産をゲットして、新幹線でいざ東京へ。濃厚なしゃっぴいツアーもいよいよお開きです。

今回は私の「東北へ行きたい」＆「会いたい行政職員さんとお友達の図書館員がツナガル。旅にしたい」をかなえてもらった旅でした。見てきたことを自分の図書館に活かせるようにがんばろうと思いました。

さあ、次の旅はいつかしら……。

ツアー待たるるその玉手箱

<東北弾丸ツアー被害者Hの証言>

八郎潟町立図書館（秋田県）
廣嶋由紀子

平成29年爽秋。「10月9日から10日にかけて、斯界屈指の図書館人10名が「ツナガル。ツアー」と称し北上、来秋。この紳士淑女のみなさまをお迎えするホストとスペシャルゲストの二役をこなせ。」という難解な指令がどこからともなく私に降ってきました。ツアー主催者である高野さんからは「男鹿に来てね～♡」と軽く連絡をいただき、また、この方々は私の勤務する図書館新設にご尽力いただいた山崎博樹氏とのつながりも深いと知らされたのでした。

私はといえば、この方々とはほぼ初対面、多勢に無勢、正直、この役目は私でよいのかとギリギリまで悩みました。そんな不安を抱えたまま、車で50分の道程を男鹿へと向かったのでした。しかし！　会場に到着後すぐにその不安はどこへやら。初対面とは思えないほどの包容力とＶＩＰ待遇、豪華な酒宴に楽しいお話と、それはもう大賑わい！　スペシャルゲストの私は大満足。ホスト役は翌日の当館視察のためにとっておこうと誓い、心地よい眠りに就いたのでした。

最初は不安ばかりでしたが、皆さんからパワーとパッションをいただき、図書館人として、また、人としてみなさんとツナガルことができて、今では心から感謝しております。全国の、いやいや、世界の図書館人のみなさま！　高野さんからお声が掛かりましたら、だまされたと思って是非とも参加されたし！

V

早春編

大人の学び方を学ぶ
～大分ツアー～

●宇佐から平戸ツアー
日程：2016年2月7日～2月9日
人数：20名
行程：前日入り組は、杵築《きつき》・別府鉄輪《かんなわ》温泉散策
1日目：国東市くにさき図書館→磨崖仏《まがいぶつ》→宇佐市民図書館→宇佐泊
2日目：宇佐神宮→BIZCOLI《ビズコリ》（福岡）→太宰府天満宮→武雄市図書館→嬉野温泉泊
3日目：伊万里市民図書館→平戸市立平戸図書館→佐世保にて解散
残留組は平戸見学後、翌日に長崎、川棚へ

★松本さんは、前日入りして、杵築・別府鉄輪温泉を楽しみました。
2日目、BIZCOLIまでで帰りました。
本当の目的は観光ではなかったのですが…。（た）

聖路加国際大学学術情報センター学習コミュニティ支援室
松本直子

自分の意思とは違う、思ってもみなかった場所に連れて行かれる経験は、大人になるとなかなかできない。こうした経験で、楽しいと感じることはあまりない。子どもの頃、両親と阿蘇に行ったときのことを思い出す。長時間車で揺られるうちに気分が悪くなり、眠ってしまい目覚めると、辺り一面が白く視界がきかないところにいた。火口近くのごつごつと石だらけの風景、硫黄の匂い、目が痛かったことなどが記憶にある。大人になると、今度は子どもに連れて行かれる。息子たちの野球やサッカーの遠征で、千葉県内の各地、ときには茨城県の鹿嶋市まで行った。休み明けに職場で「どこで焼いてきたの？」と質問され、「松戸」と乾いた笑顔で答えたことがあった。

「しゃっぴいツアー」は、高野さんご自身と様々な館種の思いがけない人と思ってもみない場所に連れて行かれ、かつ楽しい経験ができるという魅力がある。これまでに小布施、大分と2回参加した。

小布施のときは確か、東京駅集合だったと思う。夫婦で参加したが、往きの新幹線では、高野さんの計らいで、日常的に顔を合わせる夫とは別れ、墨田区立図書館の井東さんの隣になった。井東さんからは新しい図書館の開館準備のお話を伺った。私はその頃、大学史編纂の仕事を兼務していた。近代以降の史料収集では写真が一つの柱で、収集のために学外の関係者を巻き込んでいく必要がある。その難しさを感じていたところだったので、ボランティアの協力を得て区民から写真を集め、アーカイブを作られたお話は興味深かった。在来線に乗り換えると、真っ赤に実ったりんご畑が迎えてくれた。秋祭りで賑わう「まちじゅう図書館」の街をレンタルのママチャリで疾走し、数多くのエピソードが生まれたけれど、それは別の方から披露されているとおり。

大分ツアーには家族四人で参加した。大分は、父が戦後から独り立ちするまで暮らした地で、一度家族で訪れたいと思っていた。それと同時に、暗くそっとしておきたい場所でもあった。大分との縁を知った高野さんが、前日入りして父が育った場所への訪問を提案してくださったが、夫と息子二人は予定が合わず、私だけ前乗りして参加することになった。

父は祖父の仕事の関係で大分に住んでいたが、私自身は大分の家のことはほとんど覚えていない。辛うじて祖父の葬式のとき、プロペラ機で向かったこと、夜、真っ暗な家の中が恐ろしかったこと、黒塀に小さな戸口など、断片的な記憶があるだけだった。事前に高野さんから場所の特定を促されていたが、父が既に亡くなっていて情報が少ないので難しいとお答えしていた。

大分県は高野さんの故郷でもある。ツアーの前日は、杵築《きつき》の城下町を訪れ、鉄輪《かんなわ》の蒸し風呂、別府の竹瓦など趣がある温泉を巡る充実した内容だった。ＢＩＣライブラリの結城さん、佐世保から山本さんが参加した。高野さんとともに案内してくださったのは『図書館つれづれ（第27回）』に登場する下河原さんだ。お蔭で短時間に様々な経験ができた。下河原さんは、ご自身の人脈を通じて、熱心に祖父のことを調べてくださっていた。残念ながら昔のことで、ツアー当日までには祖父の家を突きとめられなかった。ただ、下河原さんの探究心、行動力、お心遣いはありがたく、ぐずぐずしていた自分が恥ずかしかった。なかでも、祖父の話が聞けるかもしれないと、お茶の先生をお訪ねしたことが印象に残っている。先生の人柄、お宅や庭の佇まいに心が温かくなった。

　本隊が合流すると、今度は疾走するバスツアーとなった。図書館は、国東市くにさき図書館、宇佐市民図書館、ＢＩＺＣＯＬＩ《ビズコリ》を訪問した。くにさき図書館はホールの上にあるドーナツ型の建物だった。入った途端、運営する図書館員のご苦労が身に染みたが、どこまで行っても続く書架や適度に物陰になる閲覧席は、子ども、特に思春期の利用者には、わくわくして居心地のよい場所なのだろうと思った。宇佐市民図書館は、郷土資料が充実していて、名士からの寄贈による貴重なコレクションがあり、それが利用しやすく整理されていた。医療・健康情報のコーナーでは、病名により細かく調べられるようになっていた。

図書館見学の間に史跡巡りが組み込まれており、熊野の磨崖仏《まがいぶつ》、宇佐神宮にも行くことができた。磨崖仏は杉林の中の長い石段を登った先にあり、眠ったような穏やかな仏様だった。宇佐神宮は、早朝の空気の中で訪れ、清々とした気持ちになった。想像していたよりも開けた感じであったが、山の奥にある本宮を臨む場所は荘厳で、沖縄の斎場御嶽《せーふぁうたき》を思い出した。

福岡ではＢＩＺＣＯＬＩ、太宰府天満宮を訪れた。ＢＩＺＣＯＬＩは、公益財団法人九州経済調査協会が運営する有料の会員制ライブラリーである。見学の際、大学生の息子が、熱心に職員に質問していた。教育学部の彼は、卒論のテーマに「環境音楽と学習効果」を選んだ。ＢＩＺＣＯＬＩでは学習する場所が三つの空間に分かれていた。第一はクラシックのインストルメンタルが流れていて自由に話し合える空間。第二は、第一の空間の会話や音楽が聞こえるが、その場では会話してはならない自習できる空間。そして第三は、完全に会話と音楽が聞こえないように区切られている自習できる空間。この三つの空間に分ける効果を探りたいという疑問が、研究につながったようだ。私と息子二人は福岡でツアーを離れた。本隊から離れた後、福岡女学院大学図書館の箱田さんに福岡市内を案内していただき、おいしい水炊きを食べたこともよい思い出となった。

最近、読んだ本『働く大人のための「学び」の教科書*』に、現在は「キャリアを登って下りてまた登る時代」とある。有史以来「最も長い人生」を生きなければならない時代では、ピークに達した自分のキャリアを横目で見ながら、ひとまず積み上げてきたことをリセットしたり、学び直したりする必要が出てきたというのだ。本書では国内外の研究成果をもとに、このような時代の大人の学び方を示している。なかでも大人が効果的に学ぶときには、助けやアドバイスをくれる第三者が必要であるという「つながりの原理」を指摘している。大人の学び方の特徴として、「インフォーマルな学び」、人脈のなかから得られる情報からの学びがあり、そのために学びたい領域のことに詳しい人とのコネクションを、常にメンテナンスしている必要がある。また、自分の慣れ親しんだ場所を離れて違和感のある場所に行き、気づきを得る、つまり「越境する」ことが学びの源泉であると指摘している。思えば、子どもに連れて行かれた野球やサッカーの遠征、職場とは違う関係のなかで感じたことから多くを学んだ。

しゃっぴいツアーの魅力は、思いがけない人とつながりが持てるインフォーマルな学びの機会を提供し続けていることといえる。過密な旅程を疾走しながら、非日常の場所に連れて行かれ気づきを得るのだ。

大分のツアーから戻ったある日のこと、下河原さんから祖父の家の場所がわかったと連絡があった。当時の勤務先近くではないかと当たりをつけ、大分県立図書館で古い電話番号簿を確認してくださったとのことである。今は硝子店になっているその場所へ、いつか行ってみたいと考えている。

＊『働く大人のための「学び」の教科書』（中原淳著　かんき出版　２０１８）

父を偲ぶ
〜九州ツアーに参加して〜

●宇佐から平戸ツアー
日程：2016年2月7日〜2月9日
人数：20名
行程：前日入り組は、杵築《きつき》・別府鉄輪《かんなわ》温泉散策
1日目：国東市くにさき図書館→磨崖仏《まがいぶつ》→宇佐市民図書館
→宇佐泊
2日目：宇佐神宮→BIZCOLI《ビズコリ》（福岡）→太宰府天満宮
→武雄市図書館→嬉野温泉泊
3日目：伊万里市民図書館→平戸市立平戸図書館
→佐世保にて解散
残留組は平戸見学後、翌日に長崎、川棚へ

★木本さんは2日目から合流。
ツアー解散後、お父様にゆかりのある川棚を訪ねました。
思い出深いツアーになりました。（た）

公共図書館職員
木本裕子

ツアー企画者の「しゃっぴい」こと高野さんにお会いしたのは2012年。日本図書館協会主催の中堅職員ステップアップ研修（2）に函館から参加した時です。高野さんは「図書館システム仕様書作成要領」を講義されました。システムの歴史や現況などを教授しながらも、「自己研鑽は大事。でも集った仲間とのご縁を大切にして」と繰り返されました。

この時は研修の内容についていくのに必死で、その言葉を強く意識することは出来ませんでした。しかし、こののち大好きな北海道を離れることになる私を後押し支えてくれたのは、ステップアップ研修でお世話になった講師の先生や友人、講演会でご縁をいただいた絵本作家の先生方、大学の恩師や新聞社の記者さん、北海道の職場や道立図書館の方、そしてサークル仲間でした。

2013、2014年と続けて図書館総合展のポスターセッション等で研修仲間の発表を応援していたところ、「図書館を訪ねる旅を企画するから参加して！」と高野さんが声をかけてくださいました。それから何度か連絡がありましたが、どうしても都合がつかず参加出来ませんでした。残念な気持ちでしたが、図書館総合展で再会するたびに、各地の図書館訪問の話などを伺うことが出来ました。

2015年、アメリカの図書館見学に高野さんが行かれる時のこと。英訳した質問書もすでに図書館に送り、あとは訪問するばかりでした。その図書館に日本からのおみやげとして折り雛を思いつかれ、その雛を私が折ることになりました。折り雛は『折りびな新版』（田中サタ著　真田ふさえ画　三水比文《さみずひふみ》協力　福音館書店　２０１２）を見ながら折りました。アメリカ図書館大会にも飾られたことがある折り雛です。折りながら心は異国の図書館へと飛んでいました。図書館を訪ねる方へお土産を託して嬉しい心持ちになる。こんな旅のかたちもあると実感した嬉しい春でした。

こうして4年ほどが過ぎ、２０１６年の2月。九州ツアー2日目から初参加することになりました。ただしツアー終了後に福岡より帰路につくツアー参加の皆さんと別れ、もう一泊し、長崎空港から帰ることにしました。実は、九州出身の父を偲ぶ場所に行きたいと考えていたのです。その場所は長崎県東彼杵郡《ひがしそのぎぐん》川棚町。ベニヤ板製の小型の船に爆薬２５０キロを積み敵艦に突撃する特別攻撃艇「震洋」の資料館と碑のある町。父は、１９６７年に建立された碑の慰霊祭に毎年出掛け、この地に思いを残して他界しました。このことを高野さんに連絡すると、平戸から長旅になって疲れも溜まることを承知で「付き合うよ」と連絡を下さいました。しかも、長崎の公立中学校の元教諭で、司書教諭として活躍された山本みづほさんに長崎市までの案内役を頼んでくださいました。みづほさんは、「学校図書館」（全国学校図書館協議会発行）に「独立系司書教諭の日本ランダム図書館巡礼」を連載されている方です。

九州ツアー3日目、伊万里から最終訪問地の平戸に向け出発し、2015年8月に開館した平戸市立平戸図書館を訪ねました。バスは赤い吊り橋の平戸大橋を渡って平戸島に入り、複合施設未来創造館に到着しました。施設には公民館、図書館、少年センターが入っています。愛称はCOLAS《コラス》平戸。市民のオアシスといった意味の英語の頭文字でCOLAS《コラス》ですが、お尋ねしたところ平戸にコラス（来らす）―来てといった意味もあるそうです。駐車場から見上げると整備再建された平戸城がすぐ上に見えます。思ったより海に近く、「日本で一番海の景色のきれいな図書館」といわれるのもわかりました。目前に国の天然記念物「黒子島原始林」を持つ黒子島、右手遠くには平戸大橋も見えます。

開放感あふれる図書館入口で館長と副館長の出迎えを受け、会議室で、準備室時代からオープン後までの道程をお話していただきました。配られたパンフレットにCOLAS《コラス》平戸のミッションが示されています。

1　あらゆる人が集う場
2　生涯にわたる学びの機会提供
3　であい、表現し、交流する場

黒子島と海際の未来創造館

「市民一人ひとりの世界を、地域を、そして平戸の未来をひらく!!」

こんなミッションを胸にした職員がお互いを尊敬しあい、励ましあいながら心を一つに働く施設なら様々な問題を前向きに越えていけると思いました。

図書館の利用案内には、「お願い」も書いてありました。

「あらゆる世代の交流と憩いの場です。子どもたちの声を気にされるかもしれませんが、気持ちよくご利用いただけるようご理解とご協力をお願いいたします。

・飲み物の持ち込みは、ペットボトルやふた付き容器（水筒など）でお願いします。

・テラス又エントランスホールで食事が

できます。

・携帯電話での会話・撮影はご遠慮ください。」

見学の前に、ボランティアさんの協力を得て本の搬入作業を行ったこと、期限付きながらふるさと納税を活用して資料費の一部を確保したこと、免震書架を設置したこと、郷土資料のデジタルアーカイブなどについて説明していただき、そのあと、ゆっくり館内を見て回りました。

エントランスには海辺の施設らしい貝を使った市民の手作り作品が展示され、飲食の出来るコーナーには、図書館友の会が運営管理しているコーヒーの自販機が置かれていました。蓋付きで館内に持って入れます。

図書館は開放感あふれるワンフロア・吹き抜けの構造ですが、各コーナーは書架の高さや向きを工夫し、心地良く仕切られています。静かなコーナー、おしゃべりもできるコーナーも考慮され、ガラスで仕切られた「大きな木のへや」はティーンズ向けで、大きな声でなければお話するのもOK。真ん中にある大きな木に寄りかかって座ると木に包まれるようで大人も座りたい羨ましい部屋でした。

郷土コーナーは静かに郷土のことを思い、調べるのにぴったりです。窓から見える海の景色は圧巻でした。ここの椅子に座って海をみていたら時の過ぎるのも忘れそうでした。栗林慧氏の写真集や昆虫映画ポスターが飾られていて、平戸の方だと知りました。栗林さんの生まれた町には市営の昆虫自然園があるそうで、行ってみたいです。他にも平戸藩主松浦静山が１８２１年の11月17日甲子《きのえね》の夜から書きはじめた『甲子夜話《かっしやわ》』に関する書籍や平戸で中国人海商と日本人女性の間に生まれた鄭成功《ていせいこう》の生涯を描いた『龍王の海』、平戸出身の明治期の策謀活動家沖禎介《おきていすけ》の関連本などがありました。

ティーンズ向け「大きな木のへや」

メディア関連コーナーには長崎が舞台の映画「母と暮せば」の資料が置かれ、館内の目立つ所には松浦史料博物館での雛展示を知らせるポスターといっしょにお雛様が飾ってありました。私のような遠方からの訪問者にも近くの松浦史料博物館の展示がわかり、寄ってみたくなりました。棚にはボランティアさんの様子をイラストでお知らせする新聞も貼ってありました。職員さんが書いたものでしょうか、和紙の花も貼ってあります。市民と職員が支え合う気持ちのよい関係が紙面から伝わりました。海が見えるテラス近くの新聞・雑誌コーナーのソファもゆっくりくつろげ、いつまでもいたい図書館でした。

平戸でツアーの皆さんと別れた後は、高野さんとオランダ商館、平戸ザビエル教会など平戸のまちを散策し、１８９３年に建てられた草庵茶室「閑雲亭」では、お茶とカスドース（平戸名物の南蛮菓子）もいただきました。夕方にみづほさんとも合流し、彼女が赴任していた生月島《いきつきしま》へ青い橋を渡ってドライブしました。この島に赴任していたみづほさんは島の子どもたちと過ごした日々が忘れられない様子でした。夕日の美しいサンセットロードは車のＣＭによく登場するそうです。日本最西端の景色は泣けてくるような美しさでした。

翌日、みづほさんの車で平戸大橋を渡り、川棚へ向かいました。父は大戦末期の昭和19年3月、海軍兵学校を卒業しました。昭和9年佐世保工廠で竣工した駆逐艦に乗り組み、その後川棚にあった訓練所に入所、翌年1月戦地に派遣されるも終戦となりました。

父の世代の人々や遺族の深い思いを考えると、３５００余名の名を刻む川棚の碑の前に立つことが出来るのかと訪問を迷う気持ちもありましたが、お二人のお蔭で訪ねることが出来ました。

特攻殉国の碑 川棚

太平洋戦争開戦前に、国防のために工場、特に軍需工場などの地方分散化が計られ、この川棚にも多くの施設がつくられました。１９４２年には佐世保海軍工廠の分工廠も開庁しています。おだやかな海を見ながら、当時の工場や訓練所に響いていただろう音や声を感じながら碑に拝礼しました。大村湾一帯は今も軍需関連企業が技術開発を続けているそうです。みづほさんに、太田大八の絵本『だいちゃんとうみ』（福音館書店　１９９２）がこの穏やかな海を舞台にした絵本だと教えられ驚きました。毎夏何故か思い出す絵本でした。

長崎へ向かう車中では、みづほさんが友人の縁で携わっているパールハーバーの話を聞きました。この話は数年をかけてある形に結実しました。それはパールハーバー・アーカイブ。佐世保に生きる、長崎に生きるということがその人を変えていくのだと思いました。

佐世保市立図書館では海軍関係の郷土資料を閲覧しました。傾斜地に建設され、その構造が一度お邪魔しただけでは飲み込めませんでしたが、エントランスのクジラのモチーフが上の階の児童室と繋がる仕掛けが工夫されていました。大勢の人が利用していて、市民に愛されている図書館だと思いました。郷土のコーナーの海軍資料が揃っていて、今後も頼りにしたいと思いました。

長崎市では、原爆被災時に救護所になった小学校跡地に建てられた長崎市立図書館や、大浦天主堂、原爆資料館、爆心地跡を訪ね、私のツアーは終わりました。


最近、思うところがあり、父の残した書類を実家から送ってもらいました。書類は段ボール25箱以上になりました。これを追い追い整理しようと考えています。想えば、中堅職員ステップアップ研修（2）への参加から始まったようにも思える九州への旅でした。

このあと、愛知・岐阜ツアー、北海道でもご一緒し、旧知の方と再会する機会を得ました。今後もしゃっぴいツアーの企画を楽しみ、みなさんと頑張っている本の現場を訪ねたいと思います。

でも「何言ってるの。自分でツアー作りなさい」と高野さんの喝が入りそうです。大丈夫、少しずつですが、仲間と一緒に出かけています。きっとこのご縁も大切にします。そして仕事場を離れても地域の図書館を一市民として大切にしていきたいと思います。

・「なぜ「パールハーバー・アーカイブ」に携わることになったのか」山本みづほ
「みんなの図書館」図書館問題研究会編　２０１7年8月号　no.484　p55～59
・パールハーバー・アーカイブ　http://1941.mapping.jp/

プチだけどプチじゃなかった！
～鯖江ツアー～

●プチ鯖江ライブラリーカフェツアー
日程：2017年1月18日～1月20日
人数：3名
行程：
集合場所：東京駅
1日目：かこさとしふるさと絵本館→越前市中央図書館
→鯖江泊
2日目：鯖江市えきライブラリー
→鯖江市図書館＆ライブラリーカフェ
→鯖江泊
3日目：永平寺散策

★鯖江市西山動物園のレッサーパンダも見たし、メガネミュージアムにも行きました。
残念なのは、メガネキーホルダーを作れなかったこと！
そうそう、越前がにに越前蕎麦、美味しかったですよ～♪
（た）

都内公共図書館司書
永見弘美

「めがねの産地さばえ」の駅前モニュメント

「鯖江に行きたいのよ！」

そんな言葉から始まった高野さんの話には、もちろんそこに至るまでのストーリーがあったのですが、初耳の私には？？よく伺ってみると、福井県鯖江市文化の館（図書館）でのライブラリーカフェという取組みを取材に行くにあたり、きっと私が興味を持つはずと、誘っていただいたわけです。早速、鯖江市文化の館についてインターネットで調べると、２０１４年のライブラリーオブザイヤー優秀賞受賞のコメントには「図書館友の会実行委員が自主的に運営する『さばえライブラリーカフェ』は、１００回以上の定期開催の実績を誇る。テーマも高度であり、『市民がつくる図書館』としての面目躍如といえる。

他にも、学校図書館支援や地場産業支援の取組、県内初のクラウド型図書館情報システムの導入、鯖江市のオープンデータ政策との連携、運営・事業面で話題性と先駆性の高い図書館である。」とあります。これを読んで私の頭の中で、既に耳にしていたいくつかのピースがパチパチッとはまる音が聞こえました。これは、是非とも伺いたい!! でも、ライブラリーカフェは月一回の開催ということで、日程が合うのはいつだろう? と思いつつ、まだ実現するかどうか全く未定でした。

その後、2016年11月、横浜みなとみらいで開催された図書館総合展後の大懇親会にて、鯖江市文化の館の館長である早苗忍さんと初めてお会いする機会が巡ってきました。「高野さん、紹介してくださいよ」とお願いすると、「あれ? 初めてだっけ?」と(笑)。こちらは高野さんからいろいろ伺っていましたので、やっとお会いできました、という気持ちでした。「こんな小柄で可愛らしい方が、あの鯖江の館長さん!?」と驚いたことはヒミツ。早苗さんは長く図書館を経験され、一時期行政に出られた後、再び図書館に戻って副館長から館長へとキャリアを積まれた方です。

とにもかくにもご挨拶を済ませ、すごい人数であふれかえる懇親会の一角でトントン拍子に鯖江行きがまとまりました。目的のライブラリーカフェの日程が限られている事もあり、今回は高野さんと私、その場に同席されていた結城さんの3人でのプチツアーが決まりました。スケジュールは3日間（1月18日～20日）。メインのライブラリーカフェは中日の19日なので、それを軸にプランを組み立てます。高野さんから「鯖江以外にどこに行きたい？決めていいよ」と言われ、早速図書館でガイドブックをパラパラ。何しろ福井は初訪問。あらま、大好きなかこさとしさんの絵本館がある越前市はお隣ではないですか！　福井市の恐竜博物館も有名だし、永平寺も！

そんな計画にわくわくしているころ、早苗さんのFacebookで前 壽則氏を知りました。前氏は、早苗さんの2代前の館長さん。アップされていたとても繊細で美しい植物画を拝見し感想をコメントしたことから、個展のお知らせをいただき、高野さんと銀座の画廊に行ってきました。独学で学ばれた油絵は、金銀の箔や和紙に極めて繊細な筆で描かれた作品。茶道のわびさびに通じるようでむしろ日本画のよう。一本の草、枝が余白を十分に活かしながらすっと佇んでいます。生の作品を拝見した興奮冷めやらぬ感想お茶会で、「せっかく鯖江に行くなら、前さんにもお会いしたいね」と、またまた、話がふくらんでいきました。

いつものしゃっぴいツアーなら、メンバーの中に運転を引き受けてくださる方がいて、現地ではレンタカーで移動が可能です。けれど、今回の３人は自前で動くことはできません。そこで、今回は早苗館長に休暇を取っていただき、おんぶに抱っこで頼り切ってしまいました。待ちに待ったツアー当日。待ち合わせ場所の武生《たけふ》駅に颯爽と赤いクルマで登場した早苗さんは、事前リサーチも十分に私たちの希望とおいしいものと図書館見学を叶えてくださいました。１月半ばのことで雪はありましたが、天気に恵まれて気持ちの良い日。越前そばの昼食、前さんのご自宅、かこさとし絵本館、越前市中央図書館と、夜に到着の結城さんより一足早く越前市での充実した１日を過ごし、夕方には鯖江に到着。無事、結城さんと合流しました。

翌朝もいい天気。ホテルから徒歩で鯖江市文化の館を訪れた私たちを迎えてくれたのは、かわいいウェルカムボードでした。こういうお気持ちは本当に嬉しいものですね。図書館見学の前に是非にと連れて行ってくださった場所を、私たち３人ともすっかり気に入ってしまいました。それは、鯖江駅にある鯖江市えきライブラリー tetote です。ＪＲの場所を賃借し、市と二つのＮＰＯ団体という組織によって実現した形は、とても新鮮で素敵でした。書棚が既製品ではない温かさが、魅力なのでしょうか。設計は市の建築営繕課の職員さんが担当し、テーブルや椅子も雰囲気に合うものをＮＰＯの皆さんと探しに行ったそうですよ。カフェの

鯖江市えきライブラリーtetote

運営は、障がいのある方たちの就労支援活動を行っているNPO小さな種・ここるに所属しているみなさん。朝からおばさんたちがキョロキョロしていて驚かせてしまったかも知れませんね。

一見民間のまちライブラリーのようですが、市と民間の協働事業なので、市立図書館の本の貸出返却はもちろん、店内には図書館の蔵書検索ができる端末があり、予約や予約本の受け取りができます。貸出に使うハンディターミナルと返却された資料は定期的に回収され、本の入れ替えや展示コーナー作りは、図書館職員が行っているそうです。店内には、高校生が電車待ちできるスペースがあり、オーダーをしなくてもＯＫ。夜間には、別のＮＰＯによるイベントが開催される場所になっています。カフェ付図書館（図書館付カフェ？）が流行りですが、ここの居心地の良さと言ったら！　こういう場所、もっとできないかしらね？　木製のブックポストがかわいくて、もちろんこれも手作り。前述の前さんがポストの文字を書かれたそうです。

図書館に戻り図書館概要を伺った後、館内資料の場所を図書館キャラクターの「れさのすけ・れさたろう（レッサーパンダ）」が教えてくれるアプリ「さばとマップ」を入れて見学開始。「さばサーチ（広域の蔵書検索システム）」とともにいち早く開始したのは、さすがＩＴのまち鯖江ですね。低書架で天井が高くて広々とした児童コーナー、学校図書館支援センターと巡り、地域資料では言わずと知れたメガネ産業。関連のある資料なら書籍、雑誌、広告まで幅広い収集がありました。近松門左衛門が鯖江で幼少期を過ごしたそうで、その資料も豊富です。開館から年月を経て、館内を柔軟に変更したり、手作りしたり。予算が無いからとおっしゃいますが、古い書架を再利用するなど随所の工夫はお見事でした。

見学中、館内の蔵書検索機のトップ画面には犬のイラストが、ありました。「せっかく図書館キャラのれさのすけたちがいるのだから、変えればいいのに」という高野さんの鋭いツッコミは、後に実現したと聞いています。

さてさて、夜はいよいよライブラリーカフェです。図書館友の会と図書館の協働で毎月１回の開催、昨年（平成29年）９月で１５０回を迎えたとのこと。ここまで継続されているということが本当に素晴らしいです。開始当初はいろいろと不安があったそうですが、今は半年先まで講師が決まっていること、事前申込なしの当日受付ということを伺い、これは単なるイベントではなく、「市民がつくる図書館」で市民にしっかりと根付いている１５０回の歴史を強く感じました。今回のテーマは福井大学の先生による「暮らしを支え、豊かにする交通まちづくり」。地方にあっては、運転免許は必需品。高齢者の運転による交通事故が問題になっているけれど、返上してしまっては生活に支障が出てしまうという切実な課題に対し、公共交通サービスを活用する生活

ライブラリーカフェの展示コーナー

パターンに変えることで解決できないか？　というお話でした。事前申込制でない場合には、どれだけ参加があるかドキドキするものですが、定員以上の参加に加え、役所から関係部署の担当者も聞きに来られるという盛況ぶり。カフェという名前の通り、お話の後には、コーヒーとケーキがふるまわれ、質問タイムには次々と手が上がり、大学の先生だからなんて尻込みはしません。どんな質問をしてもいい、「なにものも排斥しない」という姿勢を守ってきた証でしょう。

図書館見学の間には市内で、越前がにやおそばを堪能し、レッサーパンダの繁殖で有名な西山動物園に、もちろんめがねミュージアムもご案内いただいたという贅沢な1日でした。早苗さん、本当にありがとうございました。

そして最終日、3人旅の締めは雪の永平寺。歩くのも大変に違いないと珍しく腰が引けていた高野さんでしたが、行ってみると雪はあっても風情を感じる程度でした。山の斜面を利用した壮大な寺院は、深々と冷える空気の中で歴史を纏っているように感じます。到着したばかりの幼い修行僧や岡持ちのようなものを持って走る若い僧を見かけたり、毎日の様子が署名入りで楽しく書かれている掲示板、気軽に体験できる座禅など、思ったよりずっと活気があることに驚きました。

私がしゃっぴぃツアーに参加したのは、２０１４年の武雄市図書館見学からです。全国各地の図書館、話題になっている所ならば一度は行ってみたい、自分の目で見てみたいものです。評判、報道、他の人の感想は、参考にはなってもそれをそのまま鵜呑みにするのは危険ですから。しかも、ただ見学するだけでは表面的な一部分しか見えないかも知れない。せっかく行くなら効率よく動きたいと思うのですが、行程の計画はもちろん、現地での移動や見学案内の依頼など、旅慣れない私にはハードルが高過ぎます。それを企画実現してくれるのがしゃっぴぃツアーなのです。メンバーの所属は様々で各地から集合し、自分では思いつかなかったスケジュールが組まれます。いつも少々ハードで、アクシデントもありますが、それも笑い話とともに思い出のひとつになります。ここでの出会いは、まさに全国につながりを作ってくれました。人のつながりは、決して自然に出来上がるものではありません。意識的に行動しなければ叶わないものを、きっかけを作って実現させてくれる存在なのです。

しゃっぴぃツアーに関してエピソードをひとつ。

先にご紹介した鯖江の早苗館長とも、その後、生駒のツアーでご一緒することになったのですが……。ツアーの前に早苗さんからメッセージがあり、「しゃっぴぃツアーでは走るって聞いていているけれど、荷物はカートではない方がいいのかしら？」どれだけハードなツアーだと評判が立っているのでしょう。確かにこれまで、これでもかと言うほどたくさんの場所を訪問し、時には急に行先が追加されたりして、移動のときに走ったのは一度ではないはず。でも、さすがに荷物を抱えて走ったりはしません（笑）。

さぁ、次はどこに行きましょうか。都合が合えば参加する、その気楽さもよいところですよね。

たまてばこにまぎれこむ
～生駒ビブリオバトルツアー～

●生駒ビブリオバトル観戦ツアー
日程：2017年3月19日～3月21日
人数：12名
行程：奈良駅にて12:00集合
1日目：生駒市図書館＆ビブリオバトル観戦→桜井泊
2日目：大神神社→長谷寺→奈良市立中央図書館
→奈良県立図書情報館→生駒駅前図書室→生駒泊
3日目：国立国会図書館関西館→京都　17:00京都駅にて解散

★1日目、2日目とも、地元の方々と楽しくも充実した懇親会をしました。
石橋さんには車での移動に協力してもらいました。（た）

同志社女子大学嘱託講師
石橋進一

高野一枝さん率いるしゃっぴい図書館員さま御一行が、この数年、日本全国の各地で、強引なツアー（その、ご当人たちにとってスケジュールがややタイトという意味で）を繰り広げ、関係者の間に温かい共感の輪が静かに広がっています。私も２回だけ参加させてもらいました。

……いったい地方での出張をどれだけこなし、ディープな人間関係を構築したら、これだけ旅の中身が濃ゆくなるのでしょうか。

1回目は、２０１４（平成26）年春、北九州を回る旅でした。話題になっていた武雄市に加え、名高いけれど訪ねる機会がなかった伊万里市、小郡市、諫早市中央及びたらみ（多良見）の図書館、宿泊は嬉野温泉という充実ぶり。特に伊万里と多良見の設計を担当された建築家の寺田芳朗さん（お会いしたことがありませんが）が地域の人々とともに作り出した空間が印象に残りました。

はたして、２０１７（平成29）年早々、3月に奈良周辺のツアーを計画されているとの連絡が入りました。訪問する図書館としては生駒市、奈良県立、国立国会図書館関西館（京都府精華町）を予定しているとのこと。私は大阪の北東の隅っこ、京都と奈良にほぼ隣接している町に住んでいるので、これはお手伝いしなくてはと案内役を買って出た次第です。

とはいえ、九州の図書館員の方々のようなおもてなしはとてもできませんよと念のため申し上げると、全然構いませんよ、というお返事が即座にありました。

そこで、あの楽しいご一行と再会できることを心待ちにし、張り切ってお迎えしたのですが、奈良県の長谷寺や大神神社は私も初めて訪問したのでした。実は土地勘も準備もなく、しばしば道に迷い、スズキの古い軽自動車にはナビもなく、しかも生駒の地は大阪と奈良を隔てる山地で、ケーブルカーがあるほどアップダウンが激しく、私が運転する2号車の車内では、「ってか、この車で大丈夫っ？」という叫びが響いたのはまことにもって申し訳ないことでした。ともかく今回も訪問先でたくさんの方々とたくさんお話ができてよかったのですけれど。

さて、図書館についての考察らしきものも少し書きます。

別に近畿や九州に限らないと思うのですが、県庁所在地の市立図書館は、それもすぐ近くの県立図書館がりっぱな直接サービスを展開している場合、立ち居振る舞いがどうも中途半端になるようです。

かねてより継続して情報発信している宇都宮市の統計では、行政サービスベンチマークのうち、市立図書館の項目を四つ立てています。

http://www2.city.utsunomiya.tochigi.jp/DataBank/tuika/info_4.html(２０１８年２月11日確認）

その一つ、「市立図書館年間貸出数／市民一人」（いわゆる貸出密度）に注目すると、中核市48市（うち県庁所在地は19）の中で、この指標の上位10市にある県庁所在地は宇都宮市だけです。反対に下位10市を見ると県庁所在地が８市もあり、いずれも市民一人当たりの貸出冊数が４を下回っています。当事者はどれほど意識しているかわかりませんが、実は、この数字の影響は、県庁所在地ではない他県の中核市全般に及ぶのですね。特例市から中核市になったとたん、図書館のヒトモノカネがやたら削減されるとか。

ここで話をまた変えます。

私が高野さんの知己を得たのは１９９５年ごろです。

コンピュータの世界ではメインフレームからパーソナルコンピュータへのダウンサイジングとネットワーク化が起こっている最中でしたが、図書館業務用パッケージを販売していた既存ベンダーさんの動きは素人目にも鈍く、図書館システムの維持費に依然として毎年２億円ほどかかるというので、その頃、現場担当者の一人であった私はとても難儀していました。オープンソースの利用や図書館資産（データ）の継承が可能かどうか、当時の言葉で言えば囲い込み（エンクロージャー）を回避できるかどうかが職務上の関心事だったのですが、クライアントサーバ方式を採用し、レスポンスの軽さと同時にコストの引き下げにも果敢に挑む会社は数少なかった。全国のあちこちで旗を大きく振り、各地の図書館員を、よくいえば叱咤激励、鼓舞していた高野さんの姿がよみがえってくるようです。

コンピュータといえば、さかのぼって1980年代後半、やはり仕事上の必要から、私はPCのキーボードをおそるおそる触りながら、身体障害者のコミュニケーションの可能性について調べていました。視覚障害や肢体不自由の人向けには、現在と基本は変わらないようなことがすでに実用化段階に入っていました。音声認識についてはまだ夢物語でしたが、今となってはアップル社のsiriをはじめ、googleやアマゾンなどのスマートスピーカーも売れているそうで、まさに隔世の感があります。

現場をとっくに離れてしまい、大学司書課程の非常勤講師として若い人（大半は）に接するようになった私は、昨年後半から、半年講義の初回または最終回で次のように問うています。

「スマートフォンなどで、音声によるネット検索が可能になり、
必要な情報は手に入ると思われる時代に、

○○○はまだ必要でしょうか？」

○○○のところに「図書館」や「司書」が入るかどうか、考えを知りたいわけですが、ひょっとしたら「プライバシー保護」「選ぶこと」「自分の頭で考えること」といった言葉もありうると後から気づきました。

最後にささやかな注文を。

高野さんのフェイスブックやブログ、それにＮＥＸＳのウェブサイトに連載されているコラム「図書館つれづれ」、どれもが多くの人にとって有益で面白く滋味豊かです。けれども、闘病記を例外として、今までのところ当然ながらよそ行きの文章で表向きのお話しかされていないようです。かつてユーザ向けのミニコミ誌を拝読していたものとしてはちょっと物足りません。たとえば理系出身の女性がエンジニアとして働き続けることについて、ご経験をもっと開陳されると若い人に多く示唆と勇気を与えることになるでしょう。

でも、それじゃあ、もうどうでもいいや、図書館の裏話も全部バラしてやるということになったとして、ウチの話が混ざる場合は私家版でお願いします。

Ⅵ　番外編

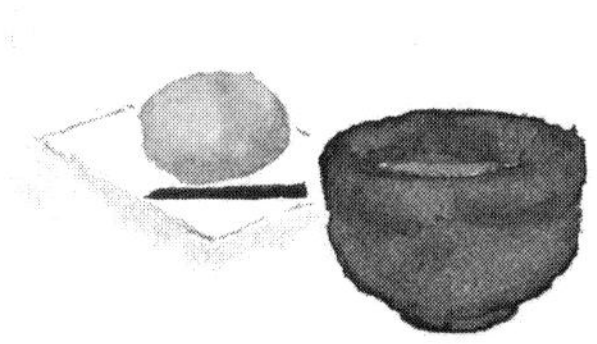

エフエムかしま収録ツアーと南相馬市立図書館見学

●エフエムかしま収録ツアー

日程：2015年8月9日〜8月10日

人数：13名→15名（但し、東京組のみ）

行程：11:00　鹿島セントラルホテルにて集合

1日目：鹿島神宮→鹿嶋市立中央図書館→息栖《いきす》神社→神栖泊

2日目：潮来市立図書館→香取神宮→エフエムかしま→鹿嶋市役所にて解散

★夜の懇親会は、大阪から駆け付けた「かじゃ委員会」の皆さんと懇親会。
エフエムかしまのスタジオで「Dr. ルイスの本のひととき」収録の体験もしました。

●南相馬市立図書館見学

日程：2017年4月14日〜4月15日

★震災に関するコラム執筆のため、南相馬まで同行していただいた記録です。
震災から7年。でも傷痕はまだ深く残っています。
忘れないために、あえて記録に残しました。（た）

葛飾区立上小松図書館（東京都）

佐々木千代子

エフエムかしま収録ツアー

２０１５年８月９日〜８月10日

「Dr.ルイスの本のひととき」とは、茨城県鹿嶋市から流れているコミュニティー放送エフエムかしまのラジオのひとつの番組です。このツアーは、この放送時間30分（通常）を自分たちの手で創ろうと、関西から来るラジオ出演者「かじゃ」のメンバーを関東組がおもてなしするというお話でメンバーが集められたはずでした。少なくとも、私的にはそう思っていました。「かじゃ」とは、「かしまジャック委員会」。エフエムかしまの「Dr.ルイスの本のひととき」の時間をジャックしてしまおうというグループなんだそうです。この時の私がお顔を知っている方は、たぶん13人中5人位。他の方々も事前にメールで自己紹介をしていましたが、当日初めましての方も多かったと思います。収録は、かじゃメンバーと関東組と2回に分けての収録になりました。

しゃっぴいさんには、以前に見学出来なかった鹿島神宮は必須事項。地元出身の私としては、香取神宮ももちろんマストな場所。そして、二社行くなら、東国三社である息栖《いきす》神社もぜひ。というわけで、神社三社と鹿嶋市立中央図書館と潮来《いたこ》市立図書館。エフエムかしまのラジオ収録と鹿島コンビナートの見学という一泊二日の超忙しいツアーになりました。

鹿島神宮は、神様のお使いといわれる鹿もいる、今なお森深く参道が続く素敵な神社です。ここのパワースポットは、要石だそうです。七不思議がありますので、全部見て回るのがお薦めです。鹿島神宮の創建は、古文書によれば紀元前６６０年。香取神宮もその数年後でしょうか？ 昔は、紀元前６４２年と言われていた時もあったようですが、香取神宮の案内図には初代神武天皇の御代に創建されたと書かれています。「神宮」の名称は近代まで、平安時代に成立した『延喜式神名帳』によれば、伊勢神宮、鹿島神宮と香取神宮だけだったそうです。そして、息栖神社を加えた鹿島、香取神宮参りは、江戸時代にはご利益絶大として大人気だったそうです。三社を直線でつなぐと直角二等辺三角形になり、今でもパワースポットとしても有名なのです。息栖神社の一の鳥居のところには、忍潮井《おしおい》と呼ばれる２つの井戸が小さな鳥居とともにあり、井戸の底には男瓶、女瓶があります。この瓶を見ることが出来れば幸運が訪れるとか。興味のある方は、神社関係の本と共に、御朱印関係の本でもたくさんの情報が得られますよ。

まず、先に集まった関東組の面々は、息栖神社見学をして、鹿島神宮へ。

鹿島神宮のボランティアガイド「かしまふるさとガイド」をいつの間にかお願いしていた

らしく、とても丁寧な鹿島神宮の説明をしていただきました。なんとハート型の石灯籠もあるんですね。後に自分ひとりで行った時には、探し出せませんでした。

鹿嶋市立中央図書館は、この神宮のすぐそばにあります。一番印象に残っているのは、地域資料の数の多さです。

鹿島神宮へは、東京駅から直通バスが出ています。ほぼ10分から20分に1本の割合で、下りは2時間の予定時間よりだいぶ早く着きます。水郷潮来までノンストップで、次はホテル群のある神栖の鹿島セントラルホテルです。関東組は、このホテルに集合。時間調整には、すぐ隣にある神栖市立図書館を見学した人もいたようです。

この時、潮来市では、潮来祇園祭禮が7日~9日までありました。混雑を避け、9日は鹿島神宮と鹿嶋市立中央図書館見学となりました。

かじゃメンバー8人とお会いしたのは、9日夜の懇親会です。関西、関東組とDr.ルイス全員揃って、翌日のラジオ出演のご挨拶をして、食べて、飲んで、お土産をいただいて忙しくも楽しい時間となりました。

次の日10日は、朝早くから全員で鹿島港見学後、潮来市立図書館へ。潮来市立図書館では詳しい説明をしていただきました。ここで、特別アイテムをゲットした人も。潮来市立図書館で一番印象に残っているのは、帯の工夫です。勿論他にも沢山の工夫がなされていて、写真撮影も腕章をもらえばＯＫです。

その後、全員で鹿嶋に戻り昼食。関西組は収録に。関東組がじっと待っているはずはありません。車に分乗して香取神宮へ参拝に。香取神宮にも要石があり、鹿島神宮の要石とつながっているという話もあります。ここのパワースポットは、三本杉の真ん中にあるうろの中だそうです。

しゃっぴいツアーメンバーは、初めは13人だったと思いましたが、収録時には、なぜか15人になっていましたね。駆けつけ組がいたのでした。これもミラクル。

現地バラバラ集合、車にて図書館見学&観光。確かに香取神宮を参拝して、エフエムかしまの収録場所に着いたのは、時間ギリギリ！　まさに走るしゃっぴいツアー！　を感じました。

エフエムかしまのみなさまに挨拶をして、収録は「全員座れませんからね。」ということで前半、後半入れ替えで、それでも15人が全員マイクを持つのは無理な人数でした。このスタジオで何時も収録して放送しているんだ。いつも聞いているパーソナリティの水井御茶《みさ》さんの声、ここでこういう動きをしているのだとキョロキョロ。みんなで写真をバタバタ撮りまくりです。さて、自己紹介からスタート、録音開始です。みんな原稿も無しに良く喋ります。関西組は帰りの時間もあり先の収録でしたが、時間ギリギリにスタジオに到着した関東組の中でも我がグループはご挨拶も出来ずにすれ違いとなりました。収録後はまたバラバラでの帰宅となりました。その前に、「道の駅いたこ」でたっぷりお買い物も恒例行事でしょうか。おもてなしが、ラジオ収録、図書館見学と観光、お土産ゲットという欲張りツアー。どこに重きを置いたのかと言えば、多分全部？

「かじゃ」については、『ラジオと地域と図書館と』（内野安彦・大林正智編　ほおずき書籍　２０１７）に詳しい経緯が書かれています。「Dr.ルイスの本のひととき」に興味を持たれた方は『図書館からのメッセージ@Dr.ルイスの〝本〟のひととき』（内野安彦著　郵研社　２０１７）をご覧下さいませ。

南相馬市立図書館見学

２０１７年４月14日

しゃっぴいさんとはその後、なんと車の助手席を巡ってのお話から、ドライバー氏のご好意で、３人で福島県南相馬市立図書館を見学出来ることになりました。この時、東京からこ

高速を降りて、ナビの通りに進もうとした所の「この先帰還困難区域につき通行止め」の看板

の図書館までの行き方を調べると、東京から仙台へ行き仙台から常磐線で福島の原ノ町まで行くか、東京から福島まで行って、そこからバスで1時間以上かかるルートの二つに一つ。車に同乗させていただけるのは、とてもありがたいことでした。丁度、福島の原発被災地の方にも地元に戻っても良いという記事が出た頃だったと思います。南相馬市は、いわき市と仙台市のほぼ中間にある場所です。平成18年1月1日で旧小高町、旧鹿島町と旧原町市の1市2町が合併された市です。

ルートは、ドライバー氏任せの車中、ここだけの話がどれだけ出たことか。とっても楽しい道中でした。なるべく高速道路ではなく、一般道を走りたいという意向から景色を愛でつつ走りました。山が見えてきた頃どうしたことか高速に入り、高速を出た

南相馬市立図書館の郷土資料室
「避難指示区域の概念図」

所でとんでもない光景と看板を目にすることになりました。それは、私たちが入ることを許されない道がまだあることを知らしめた看板でした。「この先帰還困難区域につき通行止め」

この先、私の風景を見る目が変わりました。立派な家に誰も住んで居ないこと。誰に見られることもなくても、きれいな桜が咲き誇っていたこと。

南相馬市立図書館の見学では、私的には、アートを貸し出しするという目新しいサービスを見ました。ピアノが置いてあり、企画展示も沢山ある素敵な図書館でした。ここに展示してある地図から、「帰還困難区域」、「居住制限区域」、「避難指示解除準備区域」とがあることを知りました。

のん気な話で地元の人に叱られそうですが、テレビで放送されていた、ただ家に帰れない人がいる区域という認識から、原発からの距離などにより三つの区域があるのだと新たに

海のそば　かつての道路

確認した次第です。他の地域図書館にも出張で出かけるようですが、場所により、まだ帰ってきている人が少ない地区では、一日の利用者が10人のこともあると、夜の懇親会でお聞きしました。見せたい場所があると、車をとばして案内してくださった所は、道路が波打ち途絶えたままになっている海沿いの場所でした。水仙の花々は主がいなくてもそこかしこに静かに時を忘れずに咲いています。

今も同じ風景が続いているのでしょうか。案内をかってくださった方は、この景色を知って欲しかったのでしょう。そして、きっと忘れて欲しくなかったのでしょう。

あの日を忘れないために。

「森のごはんや」

●番外編：森のごはんや

★佐世保に住んでいる山本みづほさん。
大分へ帰省の度に、大分空港に、福岡空港にと呼び出されるのに、嫌な顔一つせずに付き合ってくれます。

そして、思いもかけない縁が続いていくのです。（た）

独立系司書教諭

山本みづほ

「交換した名刺に『漁師見習い』と書かれていたことが、印象に残ったのよ！」当時大学教員だった下河原浩介（㈱グリーンファームテクニカルシステムズ）さんと、東京で何かの映画の上映会で会った高野さん。大学を辞めて大分で暮らすという話が頭に残っていたと言います。数年後、大分ツアーを目論むことになった彼女は、アッシー君をしてくれる大分人はいないかと記憶の糸をたどり、一度しか会ったことのない下河原さんにいきなり依頼の電話。そこから、２０１６年2月のツアーが始まりました。そしてその9か月後、この番外編へとつながっていくのです。

第1回「森のごはんや」訪問（2016年11月）

高野さんは下河原さんつながりで、大分市役所を退職し、限界集落である故郷の里山を何とか再生させようと、クラウドファンディングに挑戦中の小野信一さんと出会いました。妻の由美さんと共に「森のごはんや」というカフェで一日限定10食のランチをふるまいたいという夢は叶い、もちろん資金協力をした高野さんは、戴いたランチチケットが使いたくて大分行きを画策。小野さんから、広い敷地でゆったりとお客さんに本を読んでもらいたいという話を聞き、まずは「森のごはんや」マイクロライブラリーに植本（本の寄付）に行こうと、「旅する図書館」の井東順一さんを誘いました。

「みづほさん、大分空港に迎えに来て！　森のごはんやに行こうよ」と元気な声で高野さんからの電話。「何か楽しそうなログハウスに泊まれるみたいよ。とりあえず本を一冊持ってきてね」大分空港には（佐世保からはカーナビで見ると3時間3分と出る）2時間半弱で到着しました。とにかく私の愛車ゴルフは速いのです。

「森のごはんや」には、本好きな人たちが集まっていて、まずは井東さんが模範紹介をし、次々に自己紹介をしながらお薦めの本を1冊紹介、様々な方向へ話が及び、とにかく楽しい時間でした。


参加者の一人だった学校司書（学校図書館支援員）の波多野美保さんから、大分市の学校図書館の様子を聞き、「昼休みに図書館に来た生徒に静かにしなさい！　なんてありえませんよ。昼休みはリラックスして楽しくおしゃべりしたっていいのに」「それ、今度、司書の集まりの時お話に来てくれますか？」翌年5月に60名参加の大分市学校図書館支援員研修会講師という形でその話は実現。そういう広がりがまたみんなの幸せにつながっていくのが、しゃっぴいツアーの醍醐味です。

その後、温泉に浸かってますますパワーアップして、宿泊先のログハウス「トムソーヤ」に向かいました。広々とした2階建てのログハウスに三人で泊まるとは、何という贅沢。その上、普通はキッチンを使って食材を持ち込み自分たちで料理をするのですが、「大丈夫、作ってくれる人がいるのよ」と高野さん。由美さんと当時ログハウスのおかみさんだった富澤史子さんが、腕を振るって食べきれないくらいの御馳走を作ってくれました。みんなでワイワイと食べて飲んで、ログハウスの夜はなかなか更けませんでした。

翌日は由布院観光。金鱗湖を散策して江戸末期の造り酒屋の屋根裏を改装して作ったレトロなカフェ「天井桟敷」へ。グレゴリオ聖歌が静かに流れる店内は、古い本やレコードが置いてあり、図書館人のわれわれは「こんなところで1日読書していたいね」と大満足。珈琲もケーキも美味しくて、どの席に座っても気持ちのいい素敵なカフェでした。これが、第2回のミラクルへの伏線となります。

第2回森のごはんや訪問（2017年5月）

「母の法事で大分に帰るから、森のごはんやへ行こう！ 井東さんも誘おう！」高野さんの誘いに二つ返事で応じた私。今回は福岡空港まで迎えに行き、大分へと高速を走りました。

森のごはんやでは、ランチの後に新しくできたハンモックでしばしお昼寝タイム。翌日田植え祭りをする予定の田んぼを見せてもらい、森の中を歩き、心地よい緑の風に吹かれながら小野さんの話を聞きました。ライブラリー部門が進んでいないけれど、のんびり行きましょうと。

その後、「天井桟敷に行きたいね」と金鱗湖畔へ。ゆったり珈琲を楽しみながら2階に目をやると、「あらっ、書棚にあった本が1冊もない!!!」本の行方が気になる我々図書館人が尋ねると、「この先の、2階建ての家に移しました」「それはちゃんとあるか確認に行かねば」と2階建ての家を目指して歩くと、立派な家があり、ウッドデッキでビールを飲む住人に出会いました。いきなり「あの〜、天井桟敷に置いてあった本はありますか？」と声をかけると、素敵なジェントルマンが「2階にありますよ」と招き入れてくれました。

ずうずうしく入って行く三人組。「映画『薔薇の名前』に出てくる書斎を模して作ったんですよ」と説明を受け、「私たち図書館関係者なので、天井桟敷にあった本の行方が気になって仕方なくて」と言いながら、ずかずかと階段を昇って行きました。吹き抜けのぐるりを書架が囲み、家主の知人によって本たちが入れられている最中でした。ため息が出そうな空間に、すっかり魅せられた三人組。「下に降りてきませんか」と声をかけられ、蓄音機でオペラを聞かせてもらいました。映画の上映もできるという空間。「私はやりたいことがまだまだあって、死ぬ暇がないんですよ」と語る家主と名刺交換。「中谷健太郎」とだけ書かれたその名刺の人物のすごさに三人組はその時点で気づいていませんでした。

次の目的地に向かいながら、「本当に余裕ある暮らしをしているっていう感じの、品のいい人だったね、中谷さんって」とひとしきり車中で噂話に花を咲かせ。杵築《きつき》の半島の突端にあるホテルは海が目の前で、しかしここからどうやって下河原さんの「おうちで居酒屋」に参加できるのでしょうか？　高野さんが電話をすると、妻の暢代さんが車で迎えに来てくれることに。「帰りはタクシーを呼べばいいね」と迎えの車に乗り込みました。

新婚さんの二人の家には先客の伊藤直人（株）日本クアオルト研究所）さんがいらっしゃって、東京と長野県の諏訪湖のそばに家を持つ伊藤さんとは、クアオルト健康ウォーキングやキノコ狩りの話で盛り上がりました。

庭先でのバーベキューは、朝、魚市場から届いた新鮮な魚介がいっぱい。下河原さんに鱧を目の前でさばいてもらい、炭火で焼くという贅沢。野菜は下河原家で採れたもの。ビールに、各地の銘酒にと何とも幸せな時間。「そういえば、今日こんな人に出会ったよ」高野さんが中谷健太郎さんの名刺を見せると、ここでしゃっぴいミラクルが！

森のごはんや外観

「おお！」と下河原夫妻と伊藤さんが声をあげました。「この方は由布院の御三家の一つ、亀の井別荘の相談役で、湯布院の町を今の形にするために限りなく尽力した有名人ですよ」「どうりでね。ほんとうに素敵な方だった」と大いに納得したのでした。そして伊藤さんは、何と翌日この中谷さんに会うために今日ここにいるというのでした。「くれぐれもよろしく伝えて欲しいです」と三人組。

ちょうど車で下河原家にやって来た若者に「あら、車？　帰り送ってもらえると嬉しいな」と声をかけ、ちゃっかりとホテルに帰り着き、「すごい人に会っちゃったね」と、しゃっぴいミラクルのおさらいをしました。

後日、中谷さんからは、書斎の排架についての相談があり、ＮＤＣや蔵書管理システム、ＳＰ、ＬＰの管理の仕方についてのレクチャーをした高野さん。この由布院庄屋サロンとの関係はまだまだ続編が書けそうな気がしています。

運転手は見た！

●東北自治体職員とツナガル。ツアー
日程：2017年10月7日～10月9日
八郎潟町立図書館
市立米沢図書館
●東北紫波町ツアー
日程：2015年6月28日～6月30日
紫波町図書館
一関市立花泉図書館
●長野ツアー
日程：2015年11月24日～11月25日
松川村図書館

★毎回運転手としてツアーメンバーにノミネートされる安宅さん。移動図書館を走らせていた腕前で、私たちのツアー運転手としても活躍してくれます。運転手が見たしゃっぴいツアーとは？（た）

千葉県立図書館
安宅仁志

「しゃっぴぃツアー旅行記を書けって言われたの、どうなった？」

「どうなったって、まだ悩んでますよ。自称専属運転手としては、いろんな図書館を見せてもらったお礼ぐらいは書かなきゃと思っているんだけど」

「人さまを乗せて運転なんかしてていいの？　おっちょこちょいだし。心配だねえ」

「最初は子安さんや豊山さんたちが積極的に運転してくれてたのよ。おれはレンタカー借りるとき登録だけはしていたけど、ついつい移動図書館スピリットがね。ふふふ」

「なによ、気味悪い。移動図書館を運転してたのウン十年前じゃない」

「そうなんだけどさ。子安さんと代わりばんこに運転したハイエースが、ハンドルがトラックみたいでさ。こう水平についてて、上からぐるぐる回す感じなのよ。目線も上からになるしさ。トラック野郎って感じで萌えるんだよなあ」

「上から目線でって、それ、クルマに乗ると豹変する、あぶない人の典型じゃないのよ」

「まあ全否定はできないかも。豊山さんにはもっとエンジンブレーキを使えと指導されたし。でも、おれって内気だからなあ。人の目を見て話すの苦手だしなあ。運転してると前だけ見てればいいじゃない。相槌うたなくていいし。というか、話に夢中になってちゃ危ないからね」

「でも、おしゃべりは好きだから、ついつい会話に参加しちゃうんじゃない？」

「同乗者のお話に聞き耳ぐらいは立ててますよ。みなさん自腹で参加する積極的な人たちだし、しゃっぴいツアーの特徴の一つは、図書館に関心のあるいろんな職種の人が参加していることだからね。話の展開がなかなか面白いのよ。その話をとんでもない方向に発展させるのはたいがい〝しゃっぴいおばさん〟なんだけどね」

「で、会話に割り込んで自分の話に持ち込もうと」

「なに言ってるのよ。もっぱら聞き役ですよ。よい聞き役たらんとしてますよ。ときどき情報提供にいそしんじゃうけど」

「なによ、その情報提供って」

「家にある百科事典を拾い読みするような孤独な少年だったのでね。ついつい土地の歴史や風土に関心が行っちゃうのだな」

「おぼっちゃまは観光情報にご執心ってわけね」

「いやいや、図書館を巡っていちばん心に響いたのが、いま言ったことなのよ。郷土を語る者が図書館を制す、というか。まず思い出すのは、岩手県紫波町《しわちょう》の館長さん。ご自分は司書でもないし、図書館のことは何も分からないと言っていたけど、紫波という土地はそもそも室町幕府の管領を務めた斯波氏の所領である陸奥斯波郡だったというのだな。紫波町のあたりは北上川の水運に恵まれ、県庁所在地の盛岡市より昔は栄えていた、とこういう調子で数十分、図書館と同じ棟にある地産地消のイタリアンをお昼にいただきながら拝聴した。とにかく郷土愛がはんぱないから、イタリアンも図書館も同等に自分たちのもの、という感じなんだ。この館長さん、町が寂れることを憂いて住宅地を造成するにあたって、図書館を含む商業施設からＪＲの駅まで招致する一大プロジェクトに関わった大物だった。間伐材をチップにして燃やした温水を供給することにより冷暖房できる住宅地まで案内してくださった。もうびっくりよ」

「もうそれは図書館レベルのびっくりじゃないね」

「そうだね。図書館はまちの施設、というか機能の一つにしか過ぎないからね。このまちを自分たちで住みやすくしていこうという気持ちのあらわれだね。こういうびっくりはこの紫波町だけじゃない、ということが図書館を巡るうちに分かってきたんだ」

「と言いますと？」

「この前訪れた奈良市の元館長さん。ツアコンかと思うぐらい付き合ってくださったのだけど、とにかく郷土の知識がすごくて、まるで歩く〝奈良学〟だった。一泊めの三輪も一緒に泊まって夜更けまで図書館の話をしたうえに、朝になれば大神神社の参拝から奈良三山の遥拝まですべて手配してくれていた。県内どこへ行っても一聞けば十教えてくれる。それも立て板に水とかじゃなくて、にっこり訥々と話してくれるのよ。紫波町の館長さんともども邪魔にならない語り口というかね。ああ、地元を知っているっていいなあ、と思わせるんだ。そうそう、三輪のお土産も教えてくれたんだっけ。これが一口大の上品な最中でさ、塩気が利いてて甘すぎなくって、あまりに美味しかったものだから奈良市内のお店まで教えてもらって、みんなで買いに行った。そのせいでちょっとスケジュール押しちゃったんだけどね」

「なんだか話がずれてきてるよ。図書館の話はどうなったのよ」

「そうだ、郷土を愛する人は図書館の本質を突いている、という話だった。この前訪れた山形県米沢市の館長さんは、国立博物館から招聘されて市立博物館つくったあと図書館もつくったのだけど、この人もすごかったなあ。なんせ天下の上杉家だからね。文化財級の資料がゴロゴロある。で、その見せ方から保存の考え方まで異次元レベルなんだな、博物館の出だけあってモノの喜ばせ方を知っている。まもなく定年なんだけど、米沢に骨をうずめる予定だそうだ。地元の人以上に米沢を愛してしまったのだろうなあ」

松川村図書館のランドセル入れ

「今まで館長さん方のお話を伺ってきたけど、どうせみんな男の人なんでしょ？」

「職場の同僚からすれば、いつも同じ話をしているオヤジだろうと言いたいわけ？」

「そこまで言わないけどさ、女性職員でこの人はすばらしい、惚れた、という人はいないの？」

「そりゃ、いますよ、もちろん。図書館ってところは女性で回ってるんだから。たとえば、長野県松川村の館長さん、この人はもともと村内の学校司書だったのが、熱心に仕事しているのを教育長に認められて、図書館長に任命された。複合施設で全体のレイアウトは決まっていたのだけど、図書館では本を動かすことがいかに頻繁にあるかを説いて、カウンターの位置など変えてもらったというんだ。始終ニコニコしていて、役場の男性や設計事務所とどんな風にわたりあったのか想像できないほどだ。館内で説明してくださっているあいだも、子どもたちが来館した時の声かけがとても自然で、ああ、この人はこの子たちを我が子のように思っているのだなあと思った。カウンターの横にも本棚があって何かなと思ったらランドセル入れだった。ランドセルじゃなくて、バッグやコートが入っていたけどね。なんてアットホームなんだとびっくりしたけど、その後訪れた図書館でも設置しているところがあったよ。小説の棚では、作家の顔写真や紹介文が入ったPOPみたいな見出しが挿してある。それだけ、若い人たちの利用を考えて運営しているということだよね」

「小さな図書館を一手に任されて、お客一人ひとりの顔が見えて、その対応も自分の責任でできて。これって理想的な職場じゃないのよ。ほかにはどんな人がいた？」

「うん。最近行った秋田県八郎潟町の女性職員。この町の図書館は3年前に新館としてオープンしていて、県立図書館の元副館長さんがアドバイスして全面的にバックアップしてできた。全体のイメージは

八郎潟町立図書館と駅前広場

町としては決めていたらしいけど、館内レイアウトから選書まで、開館のための基盤を1年10ヶ月で仕上げたというから驚きだ。で、あとを引き継いだのが、町が新たに採用した職員さんたち。県立や市立の図書館で非常勤職員としての勤務経験もあり、今回お会いしたのはその中のお一人。元副館長さんの話も面白かったが、この職員さん、県立図書館の視線で選書するから、どうしても本が固くなるんですよね、と言ってニヤッとする。町への馴染みかたがなんともいい。これはタダモノじゃないなと思った。

ここは駅前の複合施設で、図書館のほかにもかわいいカフェや、若いママさんどうしが交流しながら子どもたちも自由に遊ばせることができる子育てランド、イベントホールなんかがあった。ホールでは年金か何かの相談会をやっていたな。町の施設のくせに肩ひじ張ってなくて、駅前の観光案内所の延長みたいな雰囲気。紫波町ほどお洒落じゃないけど、身の丈に合っているというか、生活のにおいのする場所なんだ。ここから駅のあいだには歌舞伎のような絵が描かれた広場があって、春にはそこでお祭りをやるのだけど、そういうときはホールの外壁が全部開いて、ガレージショップみたくなるというんだ。こっちは施設が町へ馴染むいい手法だと思ったよ」

「この話、まだだいぶ続くのかな？」

「はいはい。じゃ、最後は岩手県一関市の花泉図書館ね。ここは、地図を見たらそこに図書館があったから寄ったという失礼な話なんだけど、行ってみたら木を主体にしたステキな図書館だったのよ。地名から花かごをイメージしたという、一歩間違うとファンシーになっちゃう建物で、ロビーというかホールというか、ちょっと不思議なスペースもあったけど（そうか、丸くて天井が高いからロビーと思ったんだな）、ここは開館当初から多種多様なイベントや休息スペースとして市民に喜ばれていて、ぼくらもここで図書館の説明をしていただいた。花泉というのは平成の大合併で一関市と一緒になった

一関市立花泉図書館のウッドホール

町で、合併したあかつきには図書館をつくる約束ということで、自分たち旧町の思いどおりにつくったらしい。建設するにあたっては、一関市内で初めて地元産の木材にこだわって建てたということで、色々と苦労した点も多かったそうだ。

その気持ちが開館した今も続いていて、かわいい図書館で仕事できるのがうれしくてしょうがないって顔に書いてあった。寄ったのがお昼どきだったので地元の美味しいものを聞いたら、さすが女子、スイーツからお蕎麦まで何店も挙げてくれて。なかでも、図書館の近くのケーキ屋さん一押しの抹茶ロール。みんな我慢できなくて、お店で切り分けてもらったのをレンタカーのボンネットで平らげました。ははは。こういう質問にすぐに答えられるって図書館のレファレンスというより、おらが町を愛するコンシェルジュと思ったわけだな」

「まちを語らず、ひとに寄り添う女たちというわけね。ごちそうさま。がんばって書いてね」

しゃっぴいツアー番外編に巻き込まれて〈被害者Kの証言〉

鳥取県立図書館
小林隆志

イントロダクション

あれは、平成29年8月5日（土）のことでした。さんぶの森図書館（千葉県山武市）の豊山希巳江さんに招かれ、『第1回ビジネス支援図書館勉強会』で講師を務めた翌日の朝、もう一人の講師であるBICライブラリの結城智里さんと高野さんの三人で朝食を食べているときのことでした。

私が、この年の10月～12月にかけて、国立国会図書館関西館（京都府精華町）で長期研修を受ける予定だと話したところ、高野さんからすかさず「11月18日、19日は空けといて」と言われ、この一言でツアーの番外編の日程が決まったのでした。

平成29年11月18日編

その日はやってきました。初日のメンバーは、高野さんと市政専門図書館の田村靖広さんのお二人です。昼前に近鉄奈良駅で待ち合わせ、旅はスタートしました。以前にしゃっぴいツアーで大騒ぎしたという「はまぐり屋」さんで、再び小騒ぎをしながらの昼御飯をいただき、カーリルの社長の奈文研の展示はいいよの一言で訪問を決めた「奈良文化財研究所」を訪問し、生駒山中腹に位置する宝山寺にお参りするなど、これまた以前のツアーで騒いだ生駒市のアンテナショップ「おちやせん」で散々ワイワイした後、この日の懇親会へ出かけました。2軒のお店をはしごしてにぎやかに夜は更けていきました。22時頃、結城さんが生駒に到着する時間になって宴会はお開きとして生駒駅へお迎えに出かけて、無事に駅で落ち合って全員集合し、和やかにこの日は終わっていきました。珍しく何事もなく平穏に一日が終わったと思ったのでしたが、翌日には……。

平成29年11月19日編

翌日は、昨日のメンバーに結城さんを加え、生駒駅横のビルに立地する生駒市立図書館生駒駅前図書室～木田文庫～の見学から始まりました（前日、別れ際まで元気そうだった田

村さんが実は全く記憶をなくしていて、結城さんを迎えに行ったことも、ロープウェイで生駒山中腹の宿に帰ったことも全く記憶にないというのは御愛嬌です)。

日曜日だというのに、図書室では、向田館長さんをはじめ、スタッフの皆さんが、暖かく迎えてくださいました。館内の随所にwelcomeな雰囲気が感じられる図書館はいいですね。皆さんに感謝です。ありがとうございました。

生駒駅前図書室の見学を終え、興福寺に移動して、阿修羅様にお目にかかり、その後、猿沢池のほとりの鰻屋「吉野旅館」で昼御飯となりました。この鰻の美味しかったこと。２日間精一杯お付き合いをしたご褒美がこの鰻だったこともあったのでしょうが、満足させていただきました。

この後アポなしで奈良市立図書館に突撃訪問した後、旅の最後の〆は、お土産の調達です。前回のツアーの時に、元奈良市立図書館林館長のお薦めであった「白玉屋栄壽」の名物最中『みむろ』を入手するために、ならまちを徘徊し、何とか物をＧＥＴしました。その喜びも終わらぬうちに、そういえば、林館長からもう一つお薦めの銘菓を聞いていたということで思い出したのが、「本家菊屋」の『御城之口餅』でした。幸いにも栄壽から近いところにお店があったため、たどり着くのには苦労はなかったのですが、予定の電車の時間も迫ってきます。〝最後には走る〟というのがしゃっぴいツアーのお約束と聞いていましたが、この日もそんな様相を呈してきました。何とか近鉄奈良駅に御一行を送り届け、事なきを得たのですが、実はしゃっぴい御一行の本当の旅の目的はここからなのでした。岐阜県の中津川に移動して、カーリルのみなさんと、１００以上の専門図書館の横断検索を実現したdlib（ディープ・ライブラリープロジェクト）の合宿を行うのだそうです。無事に中津川にたどり着き、いい会議になることをお祈りしながらお見送りをしたのでした。ホッ!!

被害者の被害者たるゆえんを敢えて書いておくならば……。

◆日程は高野さんの都合で決まる。

以前に広島の某社長をアッシーとして、突然ロードスターで鳥取県立図書館に乗り付けられた時もそうでした。今年の夏、鳥取の岩牡蠣ツアーの日程も既に高野さんのひと言で決まっております。

◆とても多くの人を巻き込むツアーとなる。

今回の旅も、私をはじめ多くの人を巻き込む必要はほぼなくて、素直に岐阜と東京の往復という方法もあったと思いますが……。そこがしゃっぴいツアーたる所以です。

◆計画はあるようで、ほぼ現地調達。

多くの予定を盛り込むため常に時間に追われている感じのツアーです。時間に追われつつ移動するので、その場その場の判断が重要になり、ひやひや感が味わえます。

※そうは言ってもこんなツアーが成立するのも高野さんのお人柄故です。時には私だって人を振り回すこともあります。そもそも、dlib の成立には若干私も絡んでおり、高野さんをこのプロジェクトに巻き込んだのは、何を申そう私なのですから。

きっと、これからも巻き込まれ、巻き込みの関係を続けていくんだろうなあ……。

たまてばこを開けてみたら…

ライブラリーコーディネーター
高野一枝

しゃっぴいツアーを通じて、色々な気づきやたくさんの人との出会いがありました。そんな旅先で知り合った方との縁が思わぬ方向へ向かうこともあります。

特に、2017年11月の「東北 自治体職員とツナガル。ツアー」では、未知との遭遇が待ってました。

ツアーの後、職場を離れて色々な方々と意見交換する「オフサイトミーティング」に出かける機会があり、多くの元気な自治体職員とお会いすることができました。その中で発表する山武市職員の豊山希巳江さんの姿は、都道府県・市町村立図書館は、自治体の一組織であることを再認識させてくれました。由利本荘市職員の加藤淳子さ

日本橋プラザビル13階の地域活性化センターロビー

んが派遣されているという一般財団法人地域活性化センターへも出かけ、お話を伺う機会もいただきました。恥ずかしながら、その存在すら知らなかった組織ですが、30年の実績を持っているのだそうです。私たちが伺ったとき、事務所が入るビルの一階にある山口県の物産館で、「獺祭《だっさい》」の生しぼりと竹輪とかまぼこもゲットした方もいました。これも思わぬ発見でした。

この報告は、地域活性化センターでお会いした、図書館自主研究グループの活動の報告です。

地域活性化センターの自主研究「図書館」班

「図書館×まちづくり」の取組

（一財）地域活性化センター自主研究「図書館」班
越まりな
稲葉淳一
加藤淳子
谷田由香

私たちが勤務している（一財）地域活性化センター（以下、センター）は、昭和60年に設立された団体で、全国のほぼすべての自治体が会員になっています。

これまで30年以上に渡り全国各地の活力ある個性豊かな地域社会を実現するため、地域づくり情報の提供や各種研修・セミナーや地域活性化に関する助成事業を実施してきました。

情報誌「地域づくり」は各地の図書館にもお届けしているので目にしたことがある方もいらっしゃるのではないでしょうか（もし届いていない図書館がありましたら、センターまでご連絡ください）。

そんなセンターで働く私たちですが、多

くが2年間の期限付きで研修生として派遣されている自治体職員です。「研修生」ですので、派遣元の自治体に生かせるための勉強をすることも仕事のうちです。そうした研修の一環として、職員がチームを作って興味のあることを研究する自主研究制度があります。

今回は、越（石川県）、稲葉（奈良県生駒市）、加藤（秋田県由利本荘市）、谷田（北海道名寄市）が「図書館 × まちづくり」をテーマに全国の16か所の図書館や本のある施設を訪ね、元気な地域づくりのために図書館が果たす役割を探りました。

図書館は、利用者が地域の内外から広く集まり、職員と利用者の交流だけでなく利用者同士の交流の場にもなっており、多くの人にとって身近な公共施設の一つです。その一方で、個人貸出数は2012年をピークに減少しています。こうした流れの中で、従来の図書貸出サービスだけでなく新しいサービスを提供する図書館も増えており、図書館が利用者の求めるサービスや情報を提供することで、地域になくてはならない存在となっています。

調査を始めるにあたり、アカデミック・リソース・ガイド株式会社の代表取締役である岡本真氏にお話を伺いました。

①調査を行う上でのポイント

図書館は無料貸本屋と揶揄されることもあるが、図書館の機能的な魅力は本が読め、借りられることである。社会の格差や貧困の連鎖を食い止める意味において、図書館が利用者に経済的なバリアを設けていないことはとても重要である。

また、図書館を建設するだけでなく、まちづくりにおいて、図書館をどう位置付けているかが大切である。地域とのつながりをつくりながら建設した図書館でなければなかなか成功しにくい。

②図書館が増加している背景

現在、多くの自治体が新たな図書館を整備している理由は、相対的にみて整備にかかるコストが安いことにある。図書館のライフサイクルコスト（建設の企画時点から最終的に解体するまでにかかる合計費用）を耐用年数で割ったとき、その1年あたりのコストは一般会計全体として見れば僅かな金額に過ぎない。どの自治体も財政状況が厳しい中、まちの魅力を高める拠点として図書館が選ばれるのは行政経営の観点からの合理的な判断によるものである。

また、図書館のような教育施設に対する事業は、議会の理解が得られやすいことも大きな理由である。

さらに、市町村図書館の多くの貸出期間は2週間である。これは、月に2回は足を運ぶリピーターを作ることになるが、商業的に見ればとても有効な手法である。

③図書館の最終目的

図書館の運営を政策的に考えるのであれば、移住・定住の視点は欠かせず、最終的な目的は「人口維持・増加」に資する機関になることである。人口減少時代に突入し、どこの自治体も人口増加のための移住・定住施策を行っているが、図書館の魅力化を図ることもその一つである。ただ、図書館が地域に根付くかどうかは、その地域の文化や歴史の影響も大きい。これは図書館に限ったことではなく、まちづくりを行う上ではその地域の歴史や文化を調べ、地域の文化で地域政策をケアすることは重要である。

その上で、以下の図書館を訪問してお話を聞きました。

ふみの森もてぎ図書館、岡山県立図書館、紫波町図書館、八戸ブックセンター、生駒市図書館、伊丹市立図書館本館「ことば蔵」、瀬戸内市民図書館、伊万里市民図書館、武雄市図書館、ふくしま本の森プロジェクト、たもかく株式会社、小布施町立図書館、塩尻市立図書館、みんなの森ぎふメディアコスモス、田原市図書館、鳥取県立図書館

ご対応いただいた皆さまにはこの場をお借りしてお礼申し上げます。

こうした現地での聞き取り調査を踏まえて、この研究のテーマである、「地域を元気に！」を考えたとき、元気な地域とは何を指すのだろうか考えてみました。

そして私たちは、「元気な地域」を、チャレンジが生まれアクティブで人の心が外に開いているフレンドリーな地域だと結論づけました。

①チャレンジが生まれるアクティブな地域

今回の調査の対象とした図書館の多くで、図書館で市民がチャレンジできる仕組みが作られていました。

伊丹市立図書館では、市民が自由に参加できる「交流フロア運営会議」に市民が企画を持ち込み、年間１００回を超えるイベントが行われています。運営会議での出会いから、図書館の外で事業が実施されることもあります。職員はファシリテーターとして関わるのみで、徹底して「市民がやりたいこと」を市民が考えて実行できるようにサポートしていました。

市民が入れ代わり立ち代わり利用する特性を持つ図書館が、市民のチャレンジを叶える場をつくることは、その地域が市民を応援していることを分かりやすく伝えることができるのではないでしょうか。

②人の心が内外に開かれているフレンドリーな地域

地域づくりにおいてはよく「若者」「ばか者」「よそ者」が必要だといわれます。その中でよそ者は外部視点のことを示しています。一般的に言われるよそ者とは「外からの視点の感性」のことです。私たちも各地に出向く中で、元気だと感じる地域には新しいことに対して抵抗感がなく「外に開いて」おり、発言が受け入れられる雰囲気が醸成されていると感じていました。よそ者の発言を受け入れられる地域はきっと、どんな人の発言も受け入れられる地域です。そんな地域はきっと、自分の思いを言葉にできる、会話が生まれる地域でしょう。紫波町図書館では、図書館で町民の人となりが分かる展示が継続されています。住む人の多様性が図書館で表現されていました。

ここで、私たちが強調したいのは、元気な地域の条件に人口の多寡は含まれないということです。地方創生や地域活性化という言葉から、人口減少への歯止め、人口増を連想する人は多いのではないでしょうか。しかし、それが最早まならないことも一方で事実としてあり、パイの奪い合いに疲弊する地域づくりでは持続性があるとは言えません。

人口増加を狙った地域活性化に、現在の住民へのケアの視点は欠けていないだろうかと考えたとき、住む人の生活の質が高く満足度や幸福度が高い地域こそ、元気な地域として定義します。地域に暮らす多様な人が生み出す活動が実り、成長するサイクルが生まれることで、持続可能な地域に成長していくと考えています。

では、私たちが考える「元気な地域」をつくるために、図書館には何ができるでしょうか。私たちは図書館の役割を次のとおりであると考えました。

①市民が自己表現できる場

今回の調査の対象とした図書館の多くで、図書館は市民が自己表現できる場となっていました。みんなの森ぎふメディアコスモスでは、図書館内に市民が自己表現できる工夫がちりばめられていました。市民の思いを形にできる場があることにより、市民は思いを伝え、チャレンジすることができます。

そのために必要なことは、普段から司書と市民との対話・コミュニケーションが生まれる場づくりです。対話・コミュニケーションが生まれている図書館では、市民の声を拾いサポートする体制が整っていました。市民と司書の距離を縮め、相互のコミュニケーションを図ることが重要であると考えています。

②自治体の方針・取組を表現する場

市民のチャレンジが自発的に生まれるためには、市民と自治体の距離を縮め、市民の声を把握することができる場が必要です。図書館を通して自治体の方針や取組を周知することにより、市民は自らの思いと自治体の目指すものの共通点を見つけやすくなり、迅速にチャレンジできるようになると考えました。

③人との繋がりをつくる場

まちライブラリーに取り組んでいる自治体では、地域内の商店や寺院、病院等に本棚を設置し、寄贈者からのメッセージが書かれた「本」を置いています。「本」をきっかけに人と人の出会いが促され、繋がりができ、ゆるやかな交流が生まれています。図書館は、このように市民の居場所や、人との繋がりをつくり地域の活力に繋げることができるのではないでしょうか。

④未来を担う子どもたちへ思いを伝える場

子ども用資料の充実やスペースを大切に守ることにより、彼らが地域にとって大切な存在であるというメッセージを伝えることができます。図書館をベースとして活動をする人、図書館のスペースで仕事をする人を身近で見ることにより、将来、地域で活躍する自身の姿を想像するという効果も期待できます。

図書館を動かしていくのは司書だけではありません。一般行政職員も図書館に関わっていくべきです。図書館が前記の役割を最大限に活かすためには多様な人材が関わり、アイデアを出し合って、イノベーションを起こすことが不可欠だからです。

私たちは四人全員が一般行政職員です。うち一人は図書館勤務を経験していますが、他の三人は今回の調査研究を通じて図書館の取り組みや司書の役割を初めて知ったと言っても過言ではありません。それほど一般行政職員と専門職である司書とは繋がりがないのが現状です。

まずは地元の図書館を知るため、一般行政職員も利用者として通うことから始めるべきです。どんな本が置いてあるか、どのようなイベントが行われているか、図書館を身近に感じることが大切です。

逆に司書から一般行政職員へのアプローチがあっても良いでしょう。実際、司書も一般行政職員に見えない壁を感じているところがあるらしく、相互理解を深めていく必要があります。図書館が持つ多種多様な本や資料と、行政が重点的に取り組む事業を関連づけていくこともできます。図書館が活躍できる機能を拡大していけば、図書館のイメージが変わり、これまで利用しなかった人も利用するようになります。そこから新たなアイデアが生まれれば、図書館の役割や可能性は更に広がります。

日本橋プラザビル１階の「ふるさと情報コーナー」

地域活性化センター　情報誌「地域づくり」

このような図書館を起点とした正のスパイラルが生まれることで、地域はどんどん元気になっていくでしょう。

※この研究の詳細は（一財）地域活性化センターのホームページに掲載しています。

https://www.jcrd.jp/

あとがき

本書は、図書館をこよなく愛する人たちによる、日本や世界の図書館や地域の素晴らしい一瞬を切り取ったスナップショット25編です。しゃっぴいツアーによる図書館見学はプライベートツアーも含め、２０１２年からはじまって２０１７年秋までで13回を数え、参加者は代表を加えて48名、延１２４名に及び、訪問先図書館等は48館になります。ツアーでは斬新な新しく開館した図書館も巡り、味わい深く年代を重ねた図書館も巡っています。その図書館の本や雑誌の品揃え、郷土資料コーナー、人体などのテーマに関する展示、本棚の棚板の構造、図書館に併設したカフェやメディアラボ、地域の観光スポットなども巡っています。訪問先でお世話いただいた方たちも登場して、まさに図書館ツアーの玉手箱といえるでしょう。

図書館を紹介した書籍は数多く出版されていますが、図書館を気軽に楽しみながら、地域に根差した図書館の本質に迫るものは多くありません。玉手箱で伝えたい事柄は、巡った図書館の建築であり、図書館員と本や雑誌などの蔵書と運営、図書館が建設されている郷土、そして何よりもその場にある雰囲気と笑顔です。図書館に居る人たちの笑顔と、図書館内の静けさや騒めきから伝わってくる波動があります。また、図書館員と図書館に関わる人たちにも笑顔があり、図書館と郷土への誇りがあります。その誇りには、通過するツアー客の何倍もの、その図書館や郷土への愛が溢れているのは当然のことでしょう。

図書館を単体で眺めるのではなく、地域全体の中で捉えるため、本文中でも随所で登場する「しゃっぴいさん」とツアー参加者の交友関係がフル稼働します。レンタカーを駆使して、図書館見学と並行して地元の観光スポットを訪れて名物を堪能します。訪問先の図書館員と語り合いつつ元気な商店街や公務員の方たちと交流し、宿泊先のお客とも触れ合います。訪問先の方の紹介で、翌日の新たな訪問先が追加されると、ツアーは更に濃密さを増します。

本書によって図書館に興味を持たれたならば、一人で図書館という空間を散策するとともに、親しい友人や、共通の興味を持った知り合いの方と図書館を巡ってみませんか。近所の方と一緒に、地元の図書館にでかけて、本を借りるだけでなく催しに参加することも、生活を一新する機会になるでしょう。観光先の図書館を訪れることも楽しいでしょう。日本全国どこの公立図書館でも、在住・在勤・在学の方でなくとも、どなたでもその図書館の本棚から本を手に取って、図書館の閲覧席に座って読むことができます。地元の図書館では出会えない本や郷土資料もあるはずです。読者の皆様に玉手箱のメッセージが届いて、皆様の図書館に対するイメージが、新たな方向に転換したならば望外の喜びです。

また、図書館員向けに書かれたしゃっぴいツアーの見学記が、「みんなの図書館」（2018年5月号）に、特集で掲載されています。近所の公立図書館でも所蔵している雑誌なので、こちらもお読みいただければと思います。

最後に、本書を出版いただいた郵研社の登坂和雄社長に感謝するとともに、訪問先でツアーに関わった方々と、図書館や郷土をご案内いただいた方々に感謝いたします。

慶應義塾大学非常勤講師、図書館笑顔プロジェクト代表
長谷川　豊祐

しゃっぴいツアー一覧

年月日	ツアー名	内容	執筆者
2012年10月21日 ～10月22日	前哨戦 小布施ツアー	館種の違う総勢9名で、小布施町立図書館まちとしょテラソ見学。ワイン工場を見学したり、一箱古本市を見学。 しゃっぴいツアー前哨戦	三村敦美 有山裕美子
2014年6月15日 ～6月17日	武雄・伊万里 見学ツアー	1日：小郡市立図書館→伊万里市民図書館→ 佐賀ダンボール商会→嬉野温泉泊 2日：武雄市図書館→諫早市立たらみ図書館→ 諫早市立諫早図書館→山鹿温泉泊 3日：くまもと森都心プラザ図書館→東海大学	前田小藻 岡田朋之
2015年8月9日 ～8月10日	エフエムかしま 収録ツアー	1日：鹿島神宮→鹿嶋市立中央図書館→息栖神社→神栖泊 2日：潮来市立図書館→香取神宮→エフエムかしま	佐々木千代子
2015年6月28日 ～6月30日	東北紫波町 ツアー	1日：紫波町図書館→平泉泊 2日：一関市立花泉図書館→大崎市図書館→東松島泊 3日：東松島市図書館→瑞巌寺陽徳院	子安伸枝
2015年11月24日 ～11月25日	長野ツアー	1日：伊那市立高遠町歴史博物館・絵島囲み屋敷→ 伊那市立高遠町図書館→伊那市立伊那図書館→ 塩尻市立図書館→塩尻泊 2日：旧国鉄篠ノ井線跡遊歩道散策→松川村図書館→ 松本市中央図書館→旧開智学校→松本城	野澤義隆
2016年2月7日 ～2月9日	宇佐から平戸 ツアー	前日：杵築・別府鉄輪温泉散策→別府泊 1日：国東市くにさき図書館→磨崖仏→宇佐市民図書館→ 宇佐泊 2日：宇佐神宮→ BIZCOLI（福岡）→太宰府天満宮→ 武雄市図書館→嬉野温泉泊 3日：伊万里市民図書館→平戸市立平戸図書館 残留組は平戸見学後、翌日長崎、川棚へ	松本直子 木本裕子
2016年7月1日 ～7月2日	名古屋から 岐阜ﾒﾃﾞｨｱｺｽﾓｽ、 多治見ツアー	1日：名古屋回想法センター→内藤記念くすり博物館→ 岐阜市立図書館分館→岐阜泊 2日：みんなの森ぎふメディアコスモス→ まちライブラリー@カフェコスモス→多治見市図書館	牧原祥子
2016年11月27日 ～11月28日	男木島ツアー	1日：高松市中央図書館→男木島図書館→男木島泊 2日：うどん体験→金毘羅山	小廣早苗
2017年1月18日 ～1月20日	プチ鯖江ライブラリーカフェツアー	1日：かこさとしふるさと記念館→越前市中央図書館→鯖江泊 2日：鯖江市えきライブラリー→ 鯖江市図書館＆ライブラリーカフェ→鯖江泊 3日：永平寺散策	永見弘美
2017年3月19日 ～3月21日	生駒ビブリオバトル観戦ツアー	1日：生駒市図書館＆ビブリオバトル観戦→桜井泊 2日：大神神社→長谷寺→奈良市立中央図書館→ 奈良県立図書情報館→生駒駅前図書室→生駒泊 3日：国立国会図書館関西館	石橋進一
2017年4月14日 ～4月15日	プライベート 南相馬市	南相馬市立図書館	佐々木千代子
2017年7月16日～ 7月17日	ふみの森もてぎ ツアー	1日：ふみの森もてぎ・柳田邦男氏講演→茂木泊 2日：益子美術館→紺屋の日下田藍染工房→道の駅ましこ→ 笠間市立図書館	椛本世志美
2017年10月7日～ 10月9日	東北自治体職員とツナガル。 ツアー	前日：(鬼小十郎まつり）→白石泊 1日：市立米沢図書館→山形市立図書館→山寺→ 天童にて懇親会＆泊 2日：東根市図書館→山居倉庫→由利本荘市中央図書館→ 寒風山→男鹿半島泊 3日：八郎潟町立図書館→国際教養大学中嶋記念図書館→ 秋田県立図書館	豊山希巳江

訪問図書館等一覧

NO	訪問図書館等名	ツアー名	執筆者
1	秋田県立図書館（秋田県）	東北自治体職員とツナガル。ツアー	豊山希巳江
2	生駒駅前図書室（奈良県）	生駒ビブリオバトル観戦ツアー	石橋進一
3	生駒市図書館（奈良県）	生駒ビブリオバトル観戦ツアー	石橋進一
4	諫早市立たらみ図書館（長崎県）	武雄・伊万里見学ツアー	岡田朋之・前田小藻
5	諫早市立諫早図書館（長崎県）	武雄・伊万里見学ツアー	岡田朋之・前田小藻
6	潮来市立図書館（茨城県）	エフエムかしま収録ツアー	佐々木千代子
7	一関市立市立花泉図書館（岩手県）	東北紫波町ツアー	子安伸枝・安宅仁志
8	伊那市立伊那図書館（長野県）	長野ツアー	野澤義隆
9	伊那市立高遠町図書館（長野県）	長野ツアー	野澤義隆
10	伊万里市民図書館（佐賀県）	武雄・伊万里見学ツアー 宇佐から平戸ツアー	岡田朋之・前田小藻 松本直子・木本裕子
11	宇佐市民図書館（大分県）	宇佐から平戸ツアー	松本直子・木本裕子
12	越前市中央図書館（福井県）	プチ鯖江ライブラリーカフェツアー	永見弘美
13	大崎市図書館（宮城県）	東北紫波町ツアー	子安伸枝
14	男木島図書館（香川県）	男木島ツアー	小廣早苗
15	小郡市立図書館（福岡県）	武雄・伊万里見学ツアー	前田小藻
16	小布施町立図書館まちとしょテラソ（長野県）	前哨戦小布施ツアー	三村敦美・有山裕美子
17	かこさとしふるさと絵本館（福井県）	プチ鯖江ライブラリーカフェツアー	永見弘美
18	笠間市立図書館（茨城県）	ふみの森もてぎツアー	椛本世志美
19	鹿嶋市立中央図書館（茨城県）	エフエムかしま収録ツアー	佐々木千代子
20	岐阜市立図書館分館（岐阜県）	岐阜メディアコスモス、多治見ツアー	牧原祥子
21	みんなの森ぎふメディアコスモス（岐阜県）	岐阜メディアコスモス、多治見ツアー	牧原祥子
22	国東市くにさき図書館（大分県）	宇佐から平戸ツアー	松本直子・木本裕子
23	くまもと森都心プラザ図書館（熊本県）	武雄・伊万里見学ツアー	
24	国際教養大学中嶋記念図書館（秋田県）	東北自治体職員とツナガル。ツアー	豊山希巳江
25	国立国会図書館関西館（京都府）	生駒ビブリオバトル観戦ツアー	石橋進一
26	鯖江市えきライブラリー（福井県）	プチ鯖江ライブラリーカフェツアー	永見弘美
27	鯖江市図書館（福井県）	プチ鯖江ライブラリーカフェツアー	永見弘美
28	塩尻市立図書館（長野県）	長野ツアー	野澤義隆
29	紫波町図書館（岩手県）	東北紫波町ツアー	子安伸枝・安宅仁志
30	市立米沢図書館（山形県）	東北自治体職員とツナガル。ツアー	豊山希巳江・安宅仁志
31	高松市中央図書館（香川県）	男木島ツアー	小廣早苗
32	武雄市図書館（佐賀県）	武雄・伊万里見学ツアー 宇佐から平戸ツアー	岡田朋之・前田小藻 松本直子・木本裕子
33	多治見市図書館（岐阜県）	岐阜メディアコスモス、多治見ツアー	牧原祥子
34	東海大学付属図書館阿蘇図書館（熊本県）	武雄・伊万里見学ツアー	
35	東根市図書館（山形県）	東北自治体職員とツナガル。ツアー	豊山希巳江
36	内藤記念くすり博物館（岐阜県）	岐阜メディアコスモス、多治見ツアー	牧原祥子
37	奈良県立図書情報館（奈良県）	生駒ビブリオバトル観戦ツアー	石橋進一
38	奈良市立中央図書館（奈良県）	生駒ビブリオバトル観戦ツアー	石橋進一
39	八郎潟町立図書館（秋田県）	東北自治体職員とツナガル。ツアー	豊山希巳江・安宅仁志
40	東松島市図書館（宮城県）	東北紫波町ツアー	子安伸枝
41	BIZCOLI（福岡県）	宇佐から平戸ツアー	松本直子・木本裕子
42	平戸市平戸立図書館（長崎県）	宇佐から平戸ツアー	松本直子・木本裕子
43	ふみの森もてぎ図書館（栃木県）	ふみの森もてぎツアー	椛本世志美
44	松川村図書館（長野県）	長野ツアー	野澤義隆・安宅仁志
45	松本市中央図書館（長野県）	長野ツアー	野澤義隆
46	南相馬市立図書館（福島県）	プライベートツアー	佐々木千代子
47	山形市立図書館（山形県）	東北自治体職員とツナガル。ツアー	豊山希巳江
48	由利本荘市中央図書館（秋田県）	東北自治体職員とツナガル。ツアー	豊山希巳江
	★本文に記述のない図書館もあります		

執筆者一覧

名前	プロフィール
安宅仁志（あたかひとし）	千葉県立図書館勤務。県内図書館を訪ね歩いてウン十年。というのは言い過ぎで、移動図書館と図書館協力車を数年ずつ運転。訪問先のお茶の味ばかり詳しくなった（水の違いで大いに異なる）。横断検索が始まり貸出し増加、乗車しなくなるなか、お茶を出してくれた先輩図書館員は次々ご退職。顔が見える関係をいかに構築するか。永遠の課題です。
有山裕美子（ありやまゆみこ）	東京都武蔵野市出身。教育学士（障害児教育専攻）、文化情報修士（英米文学）。公立小学校教諭、座間市立図書館非常勤職員、大学嘱託職員（附属中高図書館勤務）などを経て、現在は工学院大学附属中学・高等学校教諭（国語科兼司書教諭）の他、３つの大学で非常勤講師を務める。高野さんとは、座間市立図書館時代に知り合う。
石橋進一（いしばししんいち）	司書職採用で市役所に 26 年間勤務。うち 24 年間は図書館職場。50 歳で早期定年退職（悪いことをしたわけでありません）。 その後、非常勤講師など。寝転んで本を読むことが一番好き。なまけもの。卵料理が得意。
岡田朋之（おかだともゆき）	1965年生まれ。関西大学総合情報学部教授。専門はメディア論で、約四半世紀にわたって関わってきたモバイルコミュニケーション研究では自他共に認めるパイオニア。2015～16年にフィンランド、アールト大学芸術デザイン建築学部客員教授。おもな著書に『ケータイ社会論』『私の愛した地球博』など（いずれも共編）。
椛本世志美（かばもとよしみ）	都内の公立図書館に 30 年以上にわたり勤務をしています。四半世紀を経験してから司書資格を取得しました。最近は、図書館の仕事に求められるものとは、どういう能力なのだろう、と考えています。
木本裕子（きもとゆうこ）	九州生まれ。 父親の勤務の関係で森や野原の残る日野市に住む。木登りで遊び、日野市立図書館ひまわり号で育つ 。夫の転勤で日本各地に住み、家庭文庫をしながら図書館をよりどころにする。 子育てが一段落した頃より、書店や図書館で働き、現在は夫の実家暮らし。近々家庭文庫を再開予定。巨樹、特に一本桜を訪ねるのが趣味。
小廣早苗（こひろさなえ）	群馬県の東毛地区出身。図書館で働きたいと司書を目指して茨城県つくば市で大学４年間を過ごし、千葉県佐倉市に就職。館内で直接＜本＞に関わること以外の仕事が多いという＜当たり前＞の現実に、＜本好き＞＜図書館好き＞を満たすべく、休日に嬉々として出かける日々。一応、家族（夫、娘、息子）あり。
子安伸枝（こやすのぶえ）	町立図書館、学校図書館勤務を経て千葉県立図書館司書。図書館情報学修士。千葉県の田園地帯で田畑に囲まれて育った。趣味は地衣類観察、砂鉄とり。砂鉄あそびをあちこちの図書館に布教中。認定司書 No.1142 号、ライブラリー・ファシリテーター。
佐々木千代子（ささきちよこ）	子供の時に読んだ『ハックルベリー・フィンの冒険』の舞台、ミシシッピ川を見たいと旅人になった事がある。つい最近は、ハリーポッターの映画の？確認のため、アイルランドへ。元宝石店勤務、元添乗員。50 歳近くで司書資格取得、のち図書館勤務。潮来市出身。鹿島神宮は、小学校１年生の遠足場所。2011 年の地震では、実家も液状化に。.
砂生絵里奈（さそうえりな）	東京都生まれ。鶴ヶ島市に入職後、異動を繰り返しながら鶴ヶ島市立図書館に 16 年間勤務。現在は鶴ヶ島市教育委員会生涯学習スポーツ課で指定管理者が運営する図書館の管理を担当。自称独立系図書館司書。 つるがしまどこでもまちライブラリー@鶴ヶ島市役所オーナー。認定司書 No.1060 号。
高野一枝（たかのかずえ）	大分県生まれ。図書館システムの開発に 20 年間関わり、現在はライブラリーコーディネーターとして、NEC ネクサソリューションズ㈱ポータルにて、Web コラム「図書館つれづれ」を執筆中。また在職時から産業カウンセラーやキャリアコンサルタントなどを取得し、若い方へのキャリア支援も。ブログ：しゃっぴいおばさんのブログ。
豊山希巳江（とよやまきみえ）	千葉県東部で「ツナガル。」をモットーに活動中。得意技は、「今あるもの」の有効活用。 図書館員だけではなく、行政職員や市民との対話を大切にしながら、図書館が地域の自慢になれるようにと目論む。ライフワークは男性声優さんチェック。勤務先は、原稿執筆時のさんぶの森図書館から、現在は成東図書館に。認定司書 No.1119 号、絵本専門士。
永見弘美（ながみひろみ）	都内公共図書館勤務。幼い頃から学校図書館、地元の図書館でたくさんの本に出会いました。２人の子ども達とも図書館に通い詰めた結果、とうとう通信教育で司書資格を取得し、現在に至ります。 仏像、特に運慶に魅かれていくうちに、歴史、図書館のある土地の歴史資料にも興味が湧いてきました。日本各地の図書館を訪ねる機会が出来て嬉しいです。 現在、日本図書館協会代議員、非正規雇用職員に関する委員会所属。
野沢義隆（のざわよしたか）	1957 年生まれ。前財務省図書館長。理財局、証券局、広報室、財務総合政策研究所等を経て 2009 年７月から財務省図書館に配属。８年９か月にわたり図書館愛を育むきっかけとなる仲間達に出会う。2018 年３月に財務省を定年退職。４月より財務省にて再任用され、企業決算情報収集等の業務の傍ら密かに充電中。

長谷川豊祐 （はせがわとよひろ）	1955年生まれ。大学の専門は経営工学、卒業時の第二次オイルショックで図書館員、鶴見大学図書館37年勤務。慶應義塾大学大学院博士課程修了。2016年3月退職後、慶應義塾大学・立教大学非常勤講師、日本図書館協会出版委員会委員、藤沢市図書館協議会委員、図書館員のためのインターネット http://toyohiro.org 運営、図書館笑顔プロジェクト代表。
前田小藻 （まえだあや）	通称コモ。切り絵や羊毛フェルトなど、小さくて細かい作業が好き。図書館の周りで魅力的な人たちにたくさん出会い、刺激で自分の殻に外側から内側からヒビを入れています。 運と縁に恵まれているのを大切に、だいじなものを見つけて、繋いでいくのが今の課題。
牧原祥子 （まきはらしょうこ）	身長があるので、蔵書点検で高い書架はおまかせあれ。何なら北から南へ機器を背負って蔵書点検を請負う放浪の旅に出てもいいとすら思うこともある程、蔵書点検が好きです。好きな言葉は「なんとかなる」。 不惑の四十をとっくに超えても惑いっぱなし、けれども「なんとかなる！」と思っています。
松本直子 （まつもとなおこ）	1988年、聖路加看護大学に図書館司書として就職。当時、日本で二番目に小さい大学で司書4名という、理解あるパトロン、学習熱心な学生に育てられる。2003年、看護実践開発研究センターに異動、市民へのサービス拠点「るかなび」を立ち上げ、自身の不足に愕然とする。2006年、図書館に復帰、大学史編纂・資料室兼務。組織再編に伴い2014年より現職。
三村敦美 （みむらあつみ）	徳島県生まれ。1983年4月より座間市立図書館に勤務。この間、立教大学兼任講師、日本図書館協会常務理事、神奈川県生涯学習審議会委員などを務める。 現在、日本図書館協会代議員、図書館問題研究会神奈川支部長。認定司書No1080号
山本みづほ （やまもとみづほ）	長崎県公立中学校国語科教員歴35年、司書教諭として学校図書館に関わる。早期退職後は、「独立系司書教諭」を名乗り、国内外を問わず神出鬼没。学校・公共の図書館人の支えとなれるよう、市議会に請願を行い、県内の市長たちに図書館を勝手にレクチャー。2018年度から大学非常勤講師、文筆業と、新たな仕事に取り組む模様。日本図書館協会代議員。

※認定司書とは、日本図書館協会が公共図書館の経営の中核を担いうる専門的職員として認定した司書のこと

協力いただいた執筆者（被害者）一覧

名前	プロフィール
太田剛 （おおたつよし）	1965年生まれ。大学の専門は農学部で応用昆虫学。高校教師（生物）等を経て91年より23年に渡り編集工学研究所（松岡正剛所長）にて、実践チームGEARを統括。2008年より慶應義塾大学講師。 14年に独立し編集工学機動隊GEARを設立。 15年に図書館と地域をむすぶ協議会を設立し、図書館を核にした地域づくりで全国を飛び回っている。
小林隆志 （こばやしたかし）	2003年、鳥取県職員（司書職）として採用され鳥取県立図書館に配属され、この年から始まったビジネス支援事業に関わる。2007年度以降現在まで支援協力課長。 ・ビジネス支援図書館推進協議会副理事長　・NPO法人キャンサーリボンズ委員 ・認定司書No.1043号　・同志社大学嘱託講師
地域活性化センター 自主研究「図書館」班	越まりな（こしまりな）：書店・図書館に行くと絵本と料理図鑑を必ずチェックする、行政職員。好きな絵本作家はヨシタケシンスケ 稲葉淳一（いなばじゅんいち）：ロックシンガー兼行政職員 加藤淳子（かとうあつこ）：旅先の図書館で郷土資料を見るのが楽しみな、行政職員で元図書館員。座右の銘「図書館づくりは地域づくり」 谷田由香（たにだゆか）：図書館によく通い、今はなき土曜授業後は図書館に行くことが日課だった、行政職員。初めて読んだ本は、『はじめてのおつかい』。
永利和則 （ながとしかずのり）	1955年福岡県生まれ。1979年福岡県小郡市役所入庁、2017年退職、その間、小郡市立図書館に21年間勤務、2008年から2016年まで館長を務める。2017年から福岡女子短期大学特任教授。現在、日本図書館協会理事、日本子どもの本研究会理事、日本図書館研究会評議員、小郡市図書館協議会委員なども務める。 趣味は合唱で、福岡合唱協会に所属。
廣嶋由紀子 （ひろしまゆきこ）	秋田県五城目町生まれ。平成元年4月に短大図書館からスタートし、大学図書館、大小様々な公共図書館に勤務する。この間、非正規で広く浅くではあるが、図書館運営や社会教育系の仕事を経験する。 平成26年10月に八郎潟町職員に採用され、平成27年5月からは新館としてオープンした八郎潟町立図書館に配属、現在に至る。

〈編著者プロフィール〉

高野一枝（たかの　かずえ）

大分県生まれ。図書館システムの開発に20年間関わり、現在はライブラリーコーディネーターとして、NECネクサソリューションズ㈱ポータルにて、Webコラム「図書館つれづれ」を執筆中。また在職時から産業カウンセラーやキャリアコンサルタントなどの資格を取得し、若い方へのキャリア支援も。
ブログ：しゃっぴいおばさんのブログ。

編集委員
小廣　早苗（こひろ　さなえ）
子安　伸枝（こやす　のぶえ）
砂生絵里奈（さそう　えりな）
長谷川豊祐（はせがわ　とよひろ）

すてきな司書《ししょ》の図書館《としょかん》めぐり
～しゃっぴいツアーのたまてばこ～

2018年5月31日　初版第1刷発行
2018年6月26日　初版第2刷発行

編　者　高野　一枝　ⓒTAKANO　Kazue
発行者　登坂　和雄
発行所　株式会社　郵研社
〒106-0041　東京都港区麻布台3-4-11
電話（03）3584-0878　FAX（03）3584-0797
ホームページ http://www.yukensha.co.jp

印　刷　モリモト印刷株式会社

ISBN978-4-907126-17-9　C0095
2018 Printed in Japan
乱丁・落丁本はお取り替えいたします。